U0939821

云南之源　彩云之乡

总策划　杨宁　杨健

主编　张剑萍　彭斌

执行主编　曹劲鹄

本卷主编　程莹莹　梁启萍

云南出版集团
云南人民出版社

《文化大理》丛书编委会

文化大理·祥云

本卷编委会

祥云

图书在版编目（CIP）数据

文化大理．祥云 / 程莹莹，梁启萍主编．-- 昆明：云南人民出版社，2016.8

ISBN 978-7-222-14788-1

Ⅰ．①文… Ⅱ．①程… ②梁… Ⅲ．①文化史－祥云县 Ⅳ．①K297.42

中国版本图书馆 CIP 数据核字 (2016) 第 127301 号

创意策划： 云南出版集团公司产业发展部

出 品 人： 刘大伟

责任编辑： 文艺蓓　苏映华　黄景宸

设计总监： 袁亚雄

装帧设计： 云南非鳥文化傳播有限公司

责任校对： 李　爽

责任印制： 洪中丽

文化大理·祥云

主编： 程莹莹　梁启萍

出版： 云南出版集团　云南人民出版社　// **发行：** 云南人民出版社

社址： 昆明市环城西路 609 号　// **邮编：** 650034

网址： www.ynpph.com.cn　// **E-mail：** ynrms@sina.com

开本： 787mm×1092mm　1/16　// **印张：** 17.25　// **字数：** 110 千

版次： 2016 年 8 月第 1 版第 1 次印刷　// **印刷：** 云南国方印刷有限公司

书号： ISBN　978-7-222-14788-1　// **定价：** 59.00 元

如有图书质量与相关问题请与我社联系

审校部电话：0871-64164626　印制科电话：0871-64191534

云南人民出版社公众微信号

苍洱毓秀 文献名邦

（总序）

“苍洱毓秀，文献名邦。”辖十二县市、含十三个世居民族、约三万平方公里的大理白族自治州，不仅是白族人民赖以生存的福地，也是大理各族儿女共同的精神家园。它不仅是中国的，也是世界的。

如果说文化大理是一部内涵丰富、博大精深、蕴藏智慧的书，那么，这部书厚重、久远，写满了传奇、浪漫、和谐与包容，无论从哪个角度来看，它都熠熠生辉，散发着历史的醇香，彰显着文化的魅力，醉人心脾，令人惊叹，让人神往。

透过大理这部传奇之书，我们看到了从新石器时代一路走来的大理，以及5000多年积淀而成的文化精粹和人类文明。

感谢喜马拉雅那场遥远的造山运动，把大理的奇山秀水与青藏高原的余脉连为一体，一脉相承，形成了金沙江、澜沧江、怒江、红河与横断山、无量山、哀牢山等山河相间、气势磅礴的大山大河格局，在造就了“风花雪月”自

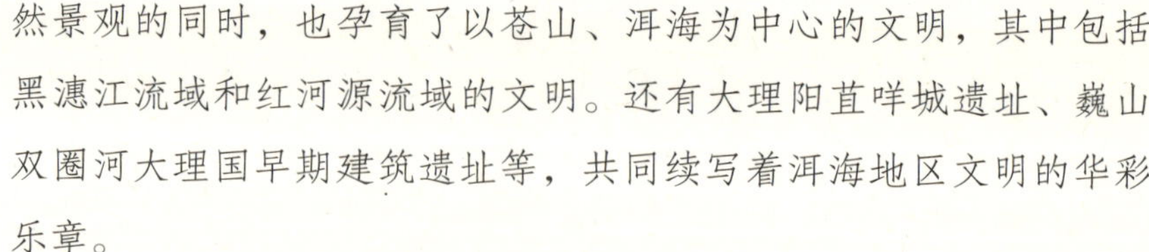

然景观的同时，也孕育了以苍山、洱海为中心的文明，其中包括黑潓江流域和红河源流域的文明。还有大理阳苴咩城遗址、巍山双圈河大理国早期建筑遗址等，共同续写着洱海地区文明的华彩乐章。

“九隆创世”“鹤拓大理”的神话尚未远去，洱海银梭岛贝丘遗址的考古成果，已经确立了洱海流域作为云南最早的新石器时代遗址的历史地位。也是在那个遥远的时代，剑川海门口、宾川白羊村曾经创造了云南最早种植粟的农耕文明。还有漾濞苍山古岩画、云龙江河上的古桥梁，以及穿梭在苍山洱海之间的庙宇道观、城池村落、民风民俗、诗词歌赋、饮食服饰，等等，全都成为文化大理的载体，以苍山洱海为中心，辐射开去，供后人领悟，让世人景仰。

透过大理这部立体之书，我们看到了云南的起源，还有南方古丝绸之路和茶马古道的足迹，看到了高耸入云的三塔，感悟到了“文献名邦”的传奇。

追根溯源，正是大理这方厚土最早叫作“云南”。远在西汉时期，在今天祥云县的云南驿一带，就设置了云南县。从此，“汉德广，开不宾，度博南，越兰津……”随着经济的繁荣和商贸的兴起，横穿东西的南方古丝绸之路，在张骞出使西域之前，就正式成型，途经永平的博南古道就是其间最艰险的行程。随后形成的茶马古道，纵贯南北。两条古道作为古代的国际大通道，在大理交汇、交融，互通有无，为物资交流、文化传播提供了便利。千百年来，多少达官显贵、文人墨客、僧侣客商，或匆忙或悠闲的步履往来于此。一路上，不仅成就了鹤庆商帮、喜洲商帮等历代商贾的辉煌，同时，人才辈出，文化灿烂，创造和积淀了同样辉煌的历史文化。

20 世纪 40 年代，在南方古丝绸之路上修筑了滇缅公路，成为抗战最艰难时期物资运输的大动脉。

大理有许多的历史文化标识，一千多年来，屹立在苍山洱海之间的崇圣寺三塔，就是其中最显赫的历史存留。一大二小三座塔形成鼎足之势，布局统一，造型和谐，稳如泰山。大塔又叫千寻塔，塔前朝东的照壁上，有明人沐世阶所题“永镇山川”石刻大字，每字高1.7米，字和塔相互映衬，浑然一体，昭示着大理作为边疆地区的稳固和安宁。其文化内涵和历史寓意，影响着大理乃至云南的过去、现在和未来。

大理文化的另一个标识是大理古城南城楼，以及高悬在上面的“文献名邦”牌匾，不远处的文献楼和五华楼，与它遥相对望。这块由清康熙年间云南提督偏图所书的匾，和那些古色古香的楼，是大理古城的灵魂，“亚洲文化十字路口的古都”，由此辐射开去，放射着耀眼的光芒。

伫立在太和金刚城下的德化碑，是大理历史文化的重要节点。这块碑，穿越唐朝天宝战争的硝烟而来，记述着南诏帝王的伟业丰功，同时，表达了南诏关于天宝战争的苦衷，表明了归附唐室的心迹。

透过大理这部包容之书，我们看到了妙香佛国的祥和，看到了“云南福星”的慈祥，看到了“本主”信仰的力量，看到了儒释道等多宗教的和谐共荣。

南诏大理，一个和唐宋相始终的地方王朝，先人们从唐宋王室那里学到了文韬武略，把信仰当成生活的必修之课，筑寺修塔、凿龛造像、吟诗泼墨，引导了那个时代云南文化的时尚和潮流。

正是这种信仰的力量，创造了南诏大理国绚烂的文化。

剑川石宝山石窟的石刻，宾川鸡足山的“迦叶道场”，祥云水目山的佛身舍利，崇圣寺中帝王皈依的情节，起源

于南诏国、鼎盛于大理国的佛教密宗教派，等等，创造了辉煌的雕塑、石窟、摩崖、石刻、绘画艺术。其中“阿吒力”观音造像为云南所独有，被西方学者誉之为“云南福星”，护佑着云南，光耀着大理。同时，也揭示着那个时代人们的价值取向和思想体系，展示了高超的艺术创作成就。

历史上，大理一直是儒释道并存、多宗教共荣的福地。除了佛教之外，原始宗教和以巍山巍宝山为代表的道观神殿遍布全州各地；以大理古城文庙为代表的儒家祠堂星罗棋布；清真寺和基督教、天主教教堂比比皆是；其他各种原始宗教色彩纷呈。中原文化和民族文化在这里交汇共荣，东西方文化在这里相融相生。

大约是南诏国时代，大理逐渐兴起了本主崇拜。也就是从那时起，本主文化便开始在苍山洱海间世代相传。在大理两千多个白族村落中，供奉着一千多位本主，村民将其视为自己的保护神。那些本主，不仅有当地传说中的各路神灵，还有生活在身边、触手可及的传奇人物，甚至还有被人们赋予使命的某种物品。而那些作为本主的传奇之人，他们并非单独一个人，而是有夫妻、兄弟、姐妹、亲戚、朋友等亲密关系，是一群食人间烟火的神。这种人、神、物合一的宗教信仰，形成了色彩斑斓的神灵世界，正是白族先民的大智慧，使大理具有极大的开放性和包容性，其艺术价值和现实意义，已经超越了信仰本身。

自古崇尚生态文明的大理，还是“多元文化与自然和谐共荣的乐土”。这里有各种飞禽走兽长居于此，苍山洱海间有来自西伯利亚的红嘴鸥到此越冬，巍山隆庆关的“鸟道雄关”，南涧凤凰山、洱源鸟吊山的“百鸟朝凤”，剑川剑湖、鹤庆草海的水鸟欢腾，等等，无不成为自然的奇观。

透过大理这部民俗之书，我们看到了多彩的民俗，小吃可口，节日众多，风情浪漫。

以“赛马、唱歌、做买卖”为主题的三月街，有“东方情人节”之誉的绕三灵和剑川石宝山歌会，有狂欢的火把节，有栽秧节、蝴蝶会、耍海节、祭祖节，这些节日，隔三岔五，总会在不知不觉中走进人们的生活里。另外大理饵块、酸辣鱼、喜洲粑粑、白族生皮、洱源乳扇、巍山炬肉饵丝、永平黄焖鸡、宾川海稍鱼、弥渡卷蹄、南涧锅巴油粉、云龙诺邓火腿等组成的大理特色小吃风景线，极大地丰富着地方的饮食文化，成为文化大理不可缺少的部分，吸引着南来北往的人们。

还有以白族服饰为代表的民族服饰，色彩斑斓，美观大方，展示着一方水土一方人的生活态度；那些以青瓦白墙为主旋律、以“三坊一照壁”“四合五天井”为布局的白族民居，则体现了大理各族儿女的生活智慧；“家家流水、户户养花”，真实地写照了大理人民对生活的热爱和对美的追求；奇妙的大理石天然画，饱含着天地精华和人文情怀，以及各具特色的民族风情，全都是文化大理的重要载体。

透过大理这部艺术之书，我们看到了数不胜数的诗人、作家、学者、艺术家、教育家和科学家，看到了目不暇接的文化产品和精神财富。《南诏奉圣乐》恢宏大气，《张胜温画卷》精美绝伦，《南涧跳菜》粗犷豪放，《小河淌水》荡气回肠，《五朵金花》遐迩闻名，《天龙八部》引人入胜。张叔、盛览的故事已成佳话；郑回、杨奇鲲、杨黼、杨升庵、杨士云、李元阳、杨南金、艾自修、徐霞客、担当、师范、王菘、赵藩、周钟岳、赵式铭、董泽、张子斋、黄洛峰、马曜、张文勋、晓雪、杨丽萍等等文化名人，伴随文化风景一路走来。张伯简、王复生、王德三、施滉、周保中等革命先驱点燃了我们的红色记忆；张耀曾、杨杰续写了民国人物的传奇；“两弹”元勋王希季、“试管婴儿之母”张丽珠等，为新中国的科技事业书写了不朽篇章。挂一漏万的大

理历代杰出儿女，他们都是大理或大理文化的代表。

“苍山不墨千秋画，洱海无弦万古琴。”这是玉洱银苍风景的真实写照，也是文化大理的名片，在其中，珍藏着我们共同的乡愁。

“苍洱毓秀，文献名邦。”就这样被赋予了历史的责任和特殊的意义。

大理文化，源远流长，多姿多彩；文化大理，灿若星河，独具魅力。这部丛书，将以世界的眼光、历史的角度、辩证的思维、散文的笔调、新颖的姿态，挖掘大理文化的内涵与成果，展示文化大理的风采与自信，使文化大州的精神与魅力在实现中华民族伟大复兴中国梦的征程中，放射出耀眼的光彩。

云南之源　彩云之乡

祥云，素有“云南之源，彩云之乡”的美誉，是大理州的东大门，全县辖8镇2乡，国土面积2425平方公里，居住有汉、白、彝、苗、回、傈僳等六个世居民族和二十几个少数民族。祥云古称“云南”，得名于汉元封二年（前109年），汉武帝见瑞云现于南中，遣使遗之，遂置县于云南驿，属益州郡。三国时设云南郡，领弄栋（姚安）、叶榆（大理）、邪龙（巍山）、云南（祥云）、遂久（丽江）、姑复（永胜）、青蛉（大姚）七县。云南驿作为蜀国南中七郡之一，成为滇西北地区的政治、经济、文化中心长达358年。唐贞元年间，是云南驿的鼎盛时期，云南驿为西宗州与宗居县的州、县治同驻地。宋代，在云南驿沿袭了前代的军政设置。至元十一年（1274年），元廷派赛典赤·瞻思丁到云南，建立“云南行中书省”，为全国11个行省之一，政治中心从大理迁到昆明（当时名为中庆）。“云南”这两个字的行政级别，再次提升。明洪武十五年（1382年），改中庆路为云南府。《明代驿站考》载：“云南驿，属大理府云南县。在今祥云东南之云南驿。”云南县之名一直沿用至民国年间，至1918年，因省县同名，遂改云南县为祥云县。云南驿作为村名一直沿用至今，“云南”一词也得以在祥云保留下来。

祥云县地处云南省中部偏西北，是连接滇中和滇西北的重要通道，是云南省四大平坝之一，境内具有“一山分四季、十里不同天”和“冬无严寒、夏无酷暑、四季如春”的立体交叉气候特征。祥云资源丰富、投资开发潜力大，全县森林覆盖面积广。祥云地处澜沧江、怒江和金沙江三江沉矿地带，矿产资源、水电资源丰富，境内煤炭和金属矿产资源储量丰富，是滇西贫煤区的富煤县，碳酸钡极为丰富。

从秦汉到宋元时期的整个中古时期，祥云的政治、经济、文化发展在云南一直居于前列。明代诗人李元阳在《过云南驿》中说：“云南西汉郡，神鹿但名传。雨雾千山碧，川平一水明。”说明祥云的文化与中原先进州郡相比，毫不逊色。1961 年在清华洞发现了大量石器遗存，这足以证明祥云在远古时代，先民就开始在这块土地上生存繁衍。1964 年，在大波那村发现战国铜棺，并出土了百余件青铜器，有青铜六畜、干栏式铜质房屋模型、铜锄、铜锛等，证明了战国时期祥云的先民就在这块土地上创造出灿烂的农耕文明。明洪武初年，由于军队屯边政策，祥云建城。明洪武十四年（1381 年），傅友德为主帅统 30 万大军南征云南。光绪《云南县志》载：“县城在昔屡迁，洪武十五年指挥周能重筑甎城。十六年遣六安侯王志、安庆侯仇成、张龙等督兵一万即品甸缮城池、立屯堡、置邮传、安辑人民，又遣都督冯诚、指挥镇、曹政及千百户等督建洱海城。”

在悠久的历史长河中，祥云人民通过聪明的智慧和勤劳的双手，与大自然做着顽强的斗争，用宽广的胸怀包容了内地的中原文化和当地的土著文化，创造了光辉灿烂的历史文化，形成了青铜文化、佛教文化、马帮文化、二战文化、红色文化和丰富多彩的民俗文化。

1961 年，在清华洞出土了多件新石器时期的石器，这具有代表性的古人类遗址是祥云悠久历史的有力见证。1988 年，此遗址被大理州人民政府公布为第一批州级重点文物保护单位。清华洞古人类遗址，位于县城南 3 公里的昆畹公路南侧，是一个巨大的天然溶洞，景色优美，洞内幽深神秘，洞外古树参天，洞口壁上方有摩崖石刻，多为明代以来的官吏及文人墨客所作，共计 24 块，明朝大旅行家徐霞客曾两次临洞考察，李元阳、郭松年、杨慎等历代官宦、墨客也在此留下了他们的足迹。

祥云的“青铜文化”延续时间长达几百年，境内出土的青铜器达三千多件，涵盖了生产、生活用具及丧葬器具等。这些青铜器铸造艺术精湛、形制优美、种类齐全，展示了祥云先民的高超智慧和精湛的技艺，充分反映了当时祥云经济社会和文化发展的水平。刘厂镇大波那村出土的战国铜棺，禾甸镇检村出土的西汉编钟，云南驿镇芹菜沟村出土的战国青铜剑是洱海区域青铜文化的重要代表。战国墓铜棺，1964 年出土于刘厂镇大波那村，长 2 米，宽 0.62 米，高 0.64 米，重 237.1 公斤，整具铜棺由 7 块可以拆卸的铜板拼合而成，棺底有 4 足，为“干栏”式屋宇式样，外壁饰有回纹、鹰、燕、虎、豹、马、野猪、水鸟等图案，随之出土的青铜器具达一百多件。大波那铜棺不论从体积、重量还是结构上看，都十分罕见，属国家一级文物，是滇西青铜文化的典型代表，现存于云南省博物馆。

佛教在祥云宗教史上占有十分重要的地位。其中，水目山是祥云“佛教文化”的禅院代表。位于云南驿镇水目山的水目寺，被称为“云南禅宗第一寺”，南诏大理国时期曾有多位大理国皇室人员修持。据文献记载，有明代大旅

行家徐霞客过访，有明末清初的书画家担当受戒，有清代禁烟领袖林则徐专谒，有“藩王”吴三桂问卜等。水目山上，有全国罕见的“寺抱塔”奇观和南方最大的墓塔林，“寺抱塔”和墓塔林已被列为第六批国家级文物保护单位。墓塔林是水目寺僧人的公共墓地，位于水目寺北侧的山冈上，占地约17500平方米。墓塔林依次排列，矗立在苍松翠柏之中，十分壮观，是云南目前发现数量最多、规模较大的塔林。2013年11月，水目山旅游景区被评定为国家“4A”级风景旅游区。

祥云县境内自古交通便利，茶马古道（西南丝绸之路）、盐马古道孕育了源远流长的“马帮文化”。云南驿作为云南省最古老的驿站之一，是茶马古道上的一颗璀璨明珠，一度成为滇西重要的政治、经济、文化中心。悠悠的马帮，遥远的铃声，穿越千年时空，折射出红土高原兴衰更替的交通史，见证了云南驿的昔日繁华。清代，云南驿成为茶马古道上最重要和最繁华的集散地，每天从云南驿经过的大小马帮二三十队，云南驿当时有二十多家马店，最大的可容纳五百多匹马。2003年，云南驿村被云南省人民政府命名为“云南省历史文化名村”；2011年，被命名为第五批“国家级历史文化名村”；2013年，云南驿古建筑群被国务院公布为“第七批全国重点文物保护单位”。

二战期间，祥云人民为抗日战争的胜利做出了卓越贡献，特别是在滇西抗战中，祥云成了重要的抗日战场和物资中转基地，一些战争遗址至今保存完好，形成了祥云丰富独特的“二战文化”。抗战期间，祥云有大批热血青年投入抗战队伍，随六十军、五十八军和中国远征军转战湘、鄂、浙、赣、缅甸等地，参加了著名的台儿庄战役、武汉保卫战、常德战役、松山战役等重要战役，其中在台儿庄战役中立下赫赫战功的肖本元和杨炳麟两位抗日将领均为祥云籍人，后来分别任六十军和五十八军的副军长，他们为抗击日寇而视死如归、血洒疆场。在后方，祥云人民投入数十万计的劳力修筑云南驿机场、滇缅公路、滇缅铁路，以生命和鲜血的代价为抗战胜利做出了应有的贡献。云南驿机场是著名的“驼峰航线”航空转运站，是国民党空军第38航空站驻地和国民党中央航空学校校址，是美国空军陈纳德将军援华空军“飞虎队”作战基地之一，是中国远征军重要的指挥中心，陈诚、卫立煌等中国著名将领曾在这里指挥远征军作战。当时，大量的美国军人和来自全国各地的军政人员云集此地，云南驿一时成为国际性的抗战基地之一。

祥云县是云南省革命老区之一，有着光荣的革命斗争历史，是一个英雄辈出的地方，有着丰富的“红色文化”资源。王复生（祥云县王家庄人）是中国第一个传播马列主义的学术团体——马克思学说研究会19个发起人之一，陕北、云南革命的播火先驱，中国共产党的早期优秀党员，云南籍第一个共产党员。王德三（王复生胞弟）是马列主义的播火先驱，陕北、云南民族解放之路的开拓者和奠基人，中共六大代表，中共云南省委第一任书记。王孝达（祥云县城人）是中国共产党早期党员，南方工运、学运、农运的领导骨干。1936年4月，红二军团在贺龙、任弼时、关向应率领下长征过祥云，留下了许多的红军文物和“红二军团指挥部”等红军遗迹。当时，有近千名祥云青年跟随红军北上，成为云南省扩红最多的一个县。解放战争时期，祥云是中共滇西工委祥云分委和中共滇西地委的活动中心，也是“边纵”第八支队的策源地和中心根据地。在改革开放和现代化建设时期，又涌现出了以“全国劳模”“全国优秀村官”普发兴同志为代表的一批优秀共产党员，他们为民服务、甘于奉献的精神被广为传颂。

祥云有汉、白、彝、苗、回、傈僳六个世居民族，各族人民勤劳勇敢，创造了丰富多彩的民俗文化。每年农历正月初四白马寺庙会、农历正月初八水目山庙会、农历正

月初九天华山庙会、农历二月十五天峰山歌会，都吸引了祥云县和周边县份成千上万的群众参加。东山乡妙姑、禾甸镇大营的彝族“哑巴节”涵盖了农耕、狩猎、生殖、宗教、艺术等方面的文化内涵，具有较高的文化价值和艺术价值。“哑巴节”是国内一个独有的彝族节日，2009 年被云南省列入非物质文化遗产保护名录。白龙潭村傈僳族群众每年正月初七的“七人节”歌会，欢快朴实，趣味浓郁。

“物华天宝称福地，人杰地灵占彩云。”祥云是滇西大山里的一块灵性宝地，开阔的高原平地包容山川河流，红土地上的风景四时更新。

在历史长河里，祥云的一头连着古云南的源头瑞气东来，一头走向更辽阔的未来熠熠生辉，吉瑞之地祥云——面对朝阳，跨越前行。

目录 CONTENTS

烈士故居

第一章

云南之源——最早叫云南的地方

在滇西高原与滇西横断山脉交界处的云南省祥云，是云南之源、彩云之乡，是中原文化传入云南的桥头堡，也称“古云南”。境内有一颗镶嵌在西南古丝绸之路上耀眼的明珠——云南驿，至今仍保存着“云南”的原称。祥云县自古称云南，至 1918 年，因省县同名，改为祥云县。据记载：“汉武帝元狩元年（前 122 年），彩云现于白崖，遣使寻迹之至此，及置云南县，亦名彩云州。”至今的两千多年间，有史可考的“彩云南现”不下十余次，素有“彩云之乡”的美誉。

祥云，自然风光独特秀美，历史文化底蕴深厚，文物古迹星罗棋布，人文资源古老独特，民俗风情绚丽多彩，有光辉灿烂的文化，是滇西历史上重要的政治、经济、文化中心。

古人类生活遗址清华洞

从县城出发往西南走约三公里，就来到清华古洞，素有“滇西第一洞”之称。佛教喻“清华”为极乐胜地，此洞清幽，故名。明朝大旅行家徐霞客曾两次临洞考察，李元阳、郭松年等历代官宦、墨客多次游此，并留下摩崖题刻“清华洞天”“坐卧烟云”“别有洞天”等。

清华洞天

万古何人凿混沌，此间胜景毓青华。
天开小有三窗豁，径转通明一道斜。
世上奇书难卒读，从来好事总堪嗟。
太息彩云深锁处，秋淫横潦暮栖鸦。

这首诗是清光绪年间，祥云县城北街文人王地山以祥云“古八景”为主题而作的组诗之一，是对清华洞的真实写照。

清华古洞，是集自然景观和人文景观于一体的旅游度假胜地。清华洞是一个石灰溶洞，景色优美，洞内幽深神秘，洞外古树参天，洞口向东，古色斑驳。洞口深二十米，宽八十余米，高三十余米，分前后两洞，前阔后窄，深邃莫穷。前洞石宫，幽深空灵，气

势恢宏，可容千人。洞内石壁、石笋、石柱、石花、石台天工自成，钟乳垂挂，悬崖滴乳，石理诘曲，突兀奋起，怪石嶙峋，观之如风卷残云，玲珑诡异，万般物象呈现，似人似形，似兽似禽，琳琅满目，全由人们去充分想象、杜撰。游人经崎岖、逶迤的深箐继续探幽，置身于此，似乎全被淹没在幽暗的夜幕之中。“似觉神魂颠倒，神游幽冥地府，好像脱离了肉体凡胎，成为幻境幽灵。”

右侧有小洞三个，时宽、时窄，时而躬身而行，时而侧身而过。洞壁大洞套小洞数十个，有的互相串通，有的独立成景，别有情趣。主洞从洞口正中进入，高、宽各三十余米，深数百米，入洞数米，左侧洞壁向正南、西南两个方向分出

清华洞

四个岔洞，深百余米，窄处只容一人通过，沿途四壁怪石嶙峋。进入第四岔洞，清风徐来，倍感凉爽，洞豁然开朗，能容纳千人，顶穹数十米上见直径三米左右，石窍通光，突现“碟大天”，仰视天空可见华光灿烂。

左侧洞壁又有一个爬行通道进入第二个天窗，此处天窗更大，直径四米以上。主洞洞底甚为壮观，阔可容数千人，四壁石笋、石柱、石台皆是天工自成，琳琅满目，西北面洞壁有一个可容单人躬身而进的小洞，深不可测，至今无人探幽。后洞岔为二支，崎岖逶迤，深邃莫穷，或有说数百米。后洞内水汽颇丰，地上已形成小溪，涉水前行一段，黑暗幽邃不可知。有人传说，从此洞一直往前走，可到达弥渡天生桥山下，但仅为传说，似乎没有被证实。

洞中的“碟大天”景观，相传是唐僧师徒从西天取经回来，乘船途经祥云境内的青海湖时，千言佛经被湖中鲤鱼精掀翻，怆然落水，经书尽湿。孙悟空怒不可遏，高举金箍棒痛打鲤鱼精，鲤鱼精招架不住，逃进清华洞中，孙悟空从山顶上方一棒戳下，洞顶上立即留下了碟子大一个圆孔，“碟大天”由此得名，孙悟空降服了鲤鱼精，留下了妙趣横生的“孙悟空大战鲤鱼精”的传说。

❶ 春秋时期清华洞陶器盖

❷ 春秋时期清华洞石斧

❸ 春秋时期清华洞石锛

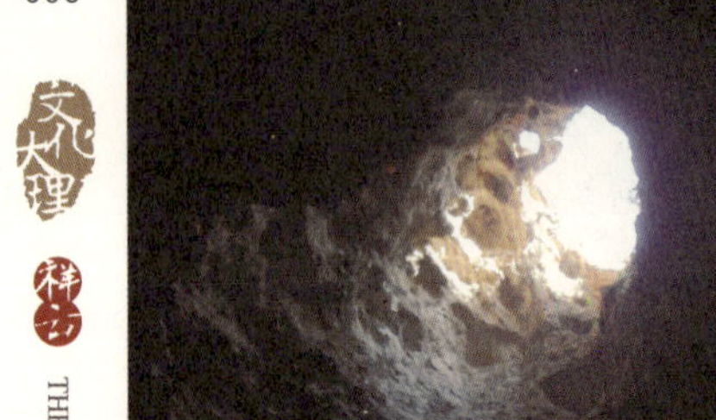

“古云南”的文明遗迹

1961年，在清华洞内发现了大量石器古物，出土的文物数量众多，文化层厚三十余米，内有大量的红烧土、炭屑、陶片，还有一些生产用具，有石锛、长条形石刀、新月形石刀、石斧、陶罐、陶纺轮等，被确认为省、州、县级文物的就有十多项。清华洞发现的大量石器文物，足以证明在远古时代就有先民在祥云这块土地上生存繁衍，三千多年前，他们用简单而又原始粗糙的生产工具求生存，与大自然进行不屈不挠的搏斗，创造了滇西人类文明的历史。这一遗址的发现，拉开了“古云南”即今祥云地区的文化历史序幕。

1 碟大天
2 石钟乳

1964年，刘厂镇大波那村发现战国铜棺墓，出土了百余件青铜器，有青铜六畜、铜质房模型、铜锄、

铜锛、铜打纬刀等。铜质房模型、六畜及生产工具等文物的出现，证明了这里的先民就是定居此处的农耕民族，战国时期，先民们就已经掌握了先进的青铜冶炼技术，开始进入农耕文明时代。

摩崖留痕

清华洞不仅是一个自然的溶洞，更具有丰厚的历史文化。明朝时大旅行家徐霞客曾两次到清华洞考察，历代文人墨客李元阳、郭松年、杨慎等高人韵士也曾到此游览，洞口壁上方有摩崖题刻，留下了“别有洞天”“清华洞天”“坐卧云烟”“苍穹坐佛”等悠远的历史印记有24处之多，也给清华洞增加了深厚的文化蕴涵。

明代李元阳对清华洞有这样的描述："清华洞山在县南八里，其下有洞，洞阔可十丈，山仅培塿，洞中深邃不可测，悬崖滴乳，形之飞动如云烟。"

另有一首《清华洞》诗写出了清华洞的美妙景色：

清华洞，深且密，神工融，鬼斧劈，茫茫天壤间，此理不可诘。无乃混沌初辟时，浩气嘘泡成幻质。生平好奇瞻力壮，一览经造无怵惕；沿苔扪石岂容已，宛若风雨投暗室。虚幽极处明自生，时复有窍见天日。祛昏破晦露真机，万态千形难尽述。蛟龙腾，凤凰翐，麒麟游，虎豹逸。有如神僧跏趺面雪峰，牛鬼蛇神献奇术；又如指石石成羊，绕剑风雷怒仍叱。探幽历险妙能穷，一一收览归吾笔。山灵合敛藏，阴怪已消黜。乾坤正气常在兹，镇静天西自无极；行行洞口更升巅，笑看扶桑红日出。

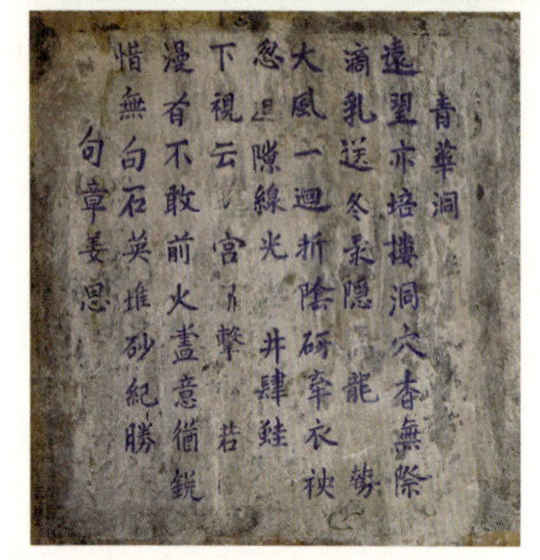

摩崖石刻

清华古洞，山川之胜，太古之姿，盛光点缀，游人至此，潇然于山石花草之间，悠然自得，庶几不负人生天地之间，享尽欲界之仙境乐趣，其"鬼斧神工之妙，奥秘莫测之奇，不让阿泸古洞之玄，卒莫能穷其胜地也"。

清华古洞，因自然景观旖旎，吸引着历代文人骚客无数。清宣统三年（1911 年），时任云南县（今祥云）知事的路承熙，曾作竹枝词《清华洞》赞曰：

怪石玲珑古洞斜，洞门村店两三家。
行人暂息风尘苦，绿树阴中坐品茶。

一个神秘王国的青铜背影

祥云坝子的北端有个叫“大波那”的地方，白族语称为“岛勃弄”，“岛勃”意为大脑壳，即大首领，“弄”是所在之地。“勃弄”数次出现于《蛮书》等史籍之中。1964年，此地发现了国内最大的铜棺，一时引起考古界轰动，不少人将其与1956年在晋宁出土的“滇王之印”联系起来，难道铜棺中的“大脑壳”就是滇王？探究神秘的“古滇国”序幕渐渐拉开……

石破天惊——铜棺洞开“古滇王国”

在中国考古史上，1964年注定是不平凡的一年。这一年，干旱，少雨，石破，天惊，这个地方，贫瘠，偏远，亘古，蛮荒；这一年，举世无双的战国铜棺在云南省祥云县大波那村出土，用祥云学者王耀庚先生的话来说就是“石破天惊——铜棺洞开古滇王国”。他忠实记录着：“……石破天惊，大波那铜棺出土了。这具王者大气的铜棺与人们不期而遇，给世人长久的震撼，也给史学界带来更多的厚望。人们都在期待它能撩开古滇王国的面纱，破解史前文化之谜。”

让我们一起回到20世纪60年代，打开滇西这个偏远村落的文物发掘现场：

1964年春，因兴修云南驿机场需从大波那村的龙山取石

料，于是便修筑了一条从飞机场至龙山石场的小型火车专用铁道。清理路基时，位于大波那村龙山东麓的一个基坑不断渗出水来。在做进一步清理时，发现渐渐形成的小水池中隐约露出几截黑色木料端头，到池中取水的两名石匠觉得奇怪，便好奇地用铁橇棒敲击池中的木料，隐隐发出金属受碰撞的回声。两名石匠大喜过望，他们认定水底应该有宝物存在，于是相约着在一个明月当空的夜晚，偷偷来到小水池旁，放净池水，刨开厚达一米左右的泥土层后，露出约三十厘米长的方木，像墙壁一样整齐地排列着。撬开方木后，只见泥水中露出一具乌黑发亮、怪模怪样的“房子”。当他们壮着胆

继续撬开“房顶”后，才知这是一口棺材，里面躺着一条绿色拐杖。再一看，拐杖旁的几根枯骨和一撮胡须冷冷地看着他们。两个胆大包天的石匠吓了一跳后迅速镇静下来，顺手从棺外的泥水中捞出几件奇怪物件。

次日，两名石匠将掘出的奇怪物件拿到村头的沟渠中清洗时，有人说是乌金铸的。听说石匠挖到金子，惹得村里村外的人们纷纷前来观看。一传十，十传百。大波那村挖出“金棺材”的消息不胫而走，远远近近的人们都争先恐后地来到古墓地观看。祥云县文化馆的工作人员得到消息

❶ 大波那龙泉洞天宝地

❷ 大波那铜棺遗址

后，迅速赶往大波那村，一边在古墓现场进行勘察测量和组织民兵发掘清理，一边与大波那村生产大队的相关人员取得联系，组织召开群众大会，宣传文物保护政策，开展深入细致的保护文物宣传教育工作，两名石匠很快交出了他们捡回去的文物。看到出土数量如此多而罕见的文物，祥云县文化馆的工作人员觉得事关重大，忙向云南省文物管理部门做了汇报。省博物馆的工作人员赶到大波那村，现场指导发掘工作。经过几天的发掘，铜房屋、铜锄、铜葫芦笙、卷布轴等随葬品相继被发掘出来。后来因泥水太深，加之水中出现有毒物质，在当时的技术、环境条件下，只得停止发掘……

经碳十四测定，这具铜棺铸造年代为距今约 2400 年的战国初期。铜棺重 2571 千克、长 2 米、宽 0.62 米、高 0.82 米。铜棺铸造工艺高超，纹饰精美。木椁铜棺墓的墓坑为长方形竖井，椁室长 3.75 米、宽 1.1 米、深 2 米。由碳化处理过的巨大方木支砌而成，方木缝隙间用白泥淤塞，椁内放置铜棺。铜棺内葬有一根象征墓主身份和权力的豹头铜杖。椁内随葬有青铜锄、锛、剑、矛、钺、鹦鹉形啄及樽、杯、豆、釜、箸、钟、鼓、葫芦笙等。

大波那铜棺

从出土的文物和相关史籍记载而进一步推测，铜棺发现地——

大波那出土的铜葫芦笙

大波那村（古称“大勃弄”）可能为古“白子国”国都。当地至今保留有“白子国”历史和“白子国”国王家族历史的记录：仁果（战国）—张龙佑那（汉）—张乐进求（唐）……至当代大波那村张姓的家谱和古碑刻。而且，出土的铜棺中随葬的豹头权杖是云南最古老的一根古代权杖，非地方君王者一般不可能有此特权厚葬。那么，大波那木椁铜棺墓的主人，很有可能是古“白子国”中的重要人物，并且极有可能就是“白子国”国王中的一位。

青铜时代——古滇王国的文明气质

大波那，是祥云县刘厂镇的一个村庄，几千年前便具有文明的气质。

大波那的土著民居是白族先民，也是一个用白族语命名并从战国时期一直沿用至今的古村邑。白语的命名带有一种神秘色彩，常常引得人们去猜疑探究。近来随着古白文化研讨的渐次深入，人们才逐步弄清这块古滇国时期遗留下来的活化石所蕴藏着的丰富的历史文化。

查看史籍，大波那在史书上常写为“大勃弄”，同指一个村邑。大凡记录有“西南夷”风云变迁的史迹中，常能看到它的名字，可见当年它在滇中高原是一座很有名望的邑镇。

溯古探源，大波那曾是古白民族地方政权的政治中心，是“大头脑”在的地方。很长时期内，它是当地民族政权“首府”，因此赢得

❶ 铜钺

❷ 螺旋纹柄山字格铜剑

了“dǒu–bǒu– nòng”的白语称呼，并存名流行于世。

“dǒu–bǒu–nòng”的白语含义是“大头脑那里”（大脑壳那里）。据音写字，常将它写为“大勃弄”。在滇中高原社会发展过程中，它因经济的发展、具有战略优势的区位条件和不断涌现的王侯武将的人文资源，铸就了它的首府地位，使它成为滇中一颗闪闪耀眼的明珠。

大波那一度成为白族先民地方政权的“首府”，当时尚未有文字，处在“史前文化”时期，因此不可能借助史籍的记述来阐释。我们只能借助田野考察、出土文物和历史遗迹、民俗等进行对应和考证。

从大波那出土的铜棺主人被后人称之为“铜棺王”（根据民间俗称而命名）。“铜棺王”执政的时期可能尚无文字，因此他的名讳世系也无史录可考。在一代代的传讲中，一是因为年代久远，二是为长者避名讳的习俗，人们很难讲清“铜棺王”及其后继者的真实姓名。但据史可以推定的是，他的后裔一代代地承袭着王位，仍然在大波那这一“首府”之地，行使着王者的权力。

陶罐

公元前109年，汉武帝中央王朝在滇池地区设置益州郡，“因滇王始首善，举国降”，于是封张仁果为益州郡首，“赐滇王王印”（《史记》语）。其后，张仁果走出大波那到益州郡府（现今晋宁）充当滇王，“遂有全滇之地”，成为名副其实的“滇王”。大波那也结束了三百多年充当一方政权“首府”的历史。

从大波那古白语的含义，到只有位高权重才能享用的豪华铜棺，再到拥有“双豹合抱”的铜权杖，联系执政于战国时期的社会背景，全方位地追思探索，令人信服地认定这几者互为联系，印证了大波那的确是“大头脑在的地方”。在至少三百多年的时间内，大波那是“大脑壳”行政的“首府”。由于它的名位重，影响深远，流传广大，人们就一直沿用白语“首府”这一称谓。这也是它能经受历史风烟的冲击，不至于被“汉化”，至今依然使用，成为古白语“遗存”和“活化石”的根本原因。也印证了《史记》关于古滇国“耕田有邑聚”“有邑君”的社会状况。“铜棺王”就是凌驾于众多小邑君之上的“大邑君”。否则他不可能享受这样豪华的铜棺墓葬，不可能享受这样的殊荣。由于这重要的历史地位，使它的大本部——“大勃弄”能稳定地立足于史册垂名至今，而不被以后通行的汉语“同化”而淹没。

当地至今还流传着一个民谚：“（大波那）四甲张，出王地，代代能人常发生。”这些民间传说也不是后代人凭空杜撰的。

现在大波那村四甲张姓的年老者病逝下葬，不用推算什么“黄道吉日”，也不用择时安葬。因为对于张姓来说“诸神回避”“百无禁忌”。祭祀祖先神灵都要烧“黄纸”（普通百姓常用土白纸）。在封建社会等级森严，“黄”者不是等闲物，是专供帝王用的。即使祭祀他们的“亡灵”，也是“黄白银钱纸”。这是“王者”以及“王者之后”享用的特殊礼

大波那铜棺局部

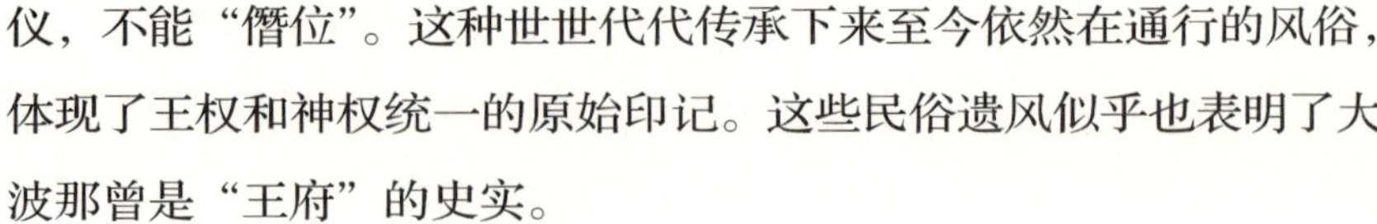

仪，不能“僭位”。这种世世代代传承下来至今依然在通行的风俗，体现了王权和神权统一的原始印记。这些民俗遗风似乎也表明了大波那曾是“王府”的史实。

青铜纹饰——神秘王者的“魔咒”

1964 年出土的祥云大波那木椁铜棺，铸造年代距今约 2400 年，属战国时期文物。铜棺由七块铜板用榫卯联结而成，器身饰有多种纹饰（有雷纹、燕纹、虎纹、豹纹、鹿纹、水鸟纹等），器物造型古朴，纹饰生动、活泼。铜棺内有一根象征墓主身份和权力的豹头铜杖陪葬品。青铜时代完整的铜棺目前中国仅发现此一具，现存于云南省博物馆，是国家级珍贵文物，而且铜棺纹饰为“云雷鸟兽纹”。什么是“云雷鸟兽纹”呢？

大波那铜棺棺壁外表两侧铸满云雷蛇纹，组成云雷纹之回纹中

心均为一个蛇头。棺盖外表铸有鸟兽纹，主题为二虎噬一猪，周围有鹰、燕、豹、水鸟等做升腾状，具有明显的原始宗教意味。因此铜棺的纹饰称为“云雷鸟兽纹”。

青铜器中最常见的是云雷纹、涡纹和水波纹，这种纹饰曾被普遍用作填满所要装饰的环形装饰带及大面积的“底子”上，又被称为“地纹”。青铜器初期立体式的、浮雕式的饕餮纹、夔纹等，衬托以线刻的云雷纹等各种底纹，构成繁密复杂的图案。强烈的宗教情感在青铜器上凸显，神秘诡异，气势逼人。随着历史时期的变化，青铜器的铸造风格从庄严的艺术风格转向了朴实、简洁、明快的风格，同时社会功能也从祭祀用的礼器逐渐转变成实用器具。青铜器的纹饰则由庄重到富有韵律的窃曲纹、环带纹，再发展为清新的蟠螭纹、宴乐纹等，其间动物纹饰狰狞的超自然魔力表现逐渐减弱，直至消失。青铜器纹饰的产生是劳动人民聪颖、智慧的结晶，是体现人们美好心愿的依托物，是人们与大自然抗争、共存，达到“天人合一”朴素心愿的具体表现，用高超的铸造技艺，留下了文明的艺术瑰宝。

中国古代青铜器的图形文字和装饰图案以其神秘性、难解性著称。当年郭沫若先生曾提出“族徽”理论，以解释青铜器的部分“徽识”，对理解中国青铜器时代产生了深刻影响。但随着时间的推移，郭式理论显露出越来越多的“破绽”。究竟什么才是这些神秘装饰和图形文字的正解？几千年前弥漫魅力的图像铭文到底记载了哪些信息？古老青铜器上的神秘纹饰到底凝聚着哪些含义？早期的云南是否存在流传已久的“白子王国”？那神秘的铜棺墓主是谁？他又是如何凭借神秘权杖拥有天下？广为征引的“图腾说”能否得到考古学的验证？宗教和礼仪在古滇王国又扮演着什么角色？……

很多学者和考古专家正在以大波那铜棺为研究对象，采

用多方位与多学科的探索路径，纵跨史前至青铜时代数千年的文化和民俗，以期破译古史的密码，回答一个个历史上的疑问，用翔实、客观的论据重现一座古滇王城的真实原貌。

青铜符号——中华基因的“遗传密码”

史前时期至青铜时代早期，是中国历史上一个非同寻常的时期：首先，中国文明的精髓和基调在此阶段逐步形成，奠定了其向前发展的基础和导向；其次，这一时期的宗教和祭祀如日中天，它们在社会中的强势地位从此不曾再现。通过资料的解读，再对大波那铜棺上所记载的神秘符号做细致观察后，会发现它和全国其他地方出土的青铜器一样，都打上了中华基因“遗传密码”的深深烙印。

中华各区域范围内诸多文化相互汲取营养，在互动之中，追求多神灵与多祖先崇拜，供奉相同神灵与先祖，积淀了共存、共荣、尊长辈、敬众神、取长补短的文化心态。接下来，各地区的部族和文化实体相互冲撞、分化组合，逐步摆脱了文化圈与血缘关系的束缚，创立了地域国家形态的社会，在人口数量和密度增加、贫富和尊卑分化加剧、宗教礼仪日趋显赫、资源开拓和贸易交往增多、兵戎相见频繁的背景下，祭祀和兵戎主导着日常活动

大波那民居

和政治取向。

当中原地区成为首要的经济、文化和宗教汇集地后，中国文明的本土性、凝聚力、自持力、兼容性遂成为万变不离其宗的根基。在祥云大波那铜棺尚不可知的秘密里，也许正包容着中华基因的“遗传密码”。

大波那龙泉洞天宝地牌坊

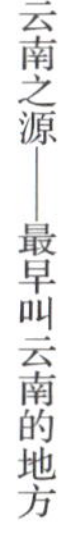

云南驿——从历史深处走来

日落时分，云南高原上的村落云南驿迎来了金色的黄昏，金黄的古道、屋顶、马店、驿站，连“引马石”也被照射得分外耀眼。天空永远蔚蓝，白云偎依着，飘来飘去，灰色的瓦顶上，枯草微微摇着头，仿佛从遥远的汉唐一直守望到今天。人们悠闲地享受着岁月恩赐的安逸和幸福。今天的云南驿，在这里静静地守候了两千多年。

《汉书》中记载：“武帝元封二年，开益州郡领云南县。”《史记》《蛮书》《华阳国志》，以及当代著名社会学家方国瑜先生主编的《云南史料丛刊》，都有关于云南县（郡）的文字、关于云南驿的历史记载。祥云的云南驿，是从历史深处走来的驿站，从汉代到现在两千多年，经历了朝代变更、风云变幻，如今虽然已经没有了城墙垛堞，没有了城池森严，没有了军旗猎猎，却是云南省唯一一个保留了“云南”地名的地方。

据记载，在西汉武帝年间，“太平端应则景云生”。此时正值武帝急欲施展雄才大略、伟大抱负的时候，于是武帝大赦天下，举国欢庆，并遣使往南方寻找“天现祥瑞”的地方。历经数年的艰辛，使者终于在滇西南这里找到“彩云南现”的源头，遂在这里设置了第十六个县——云南县，属益州郡。还有另外一个民间传说的版本，说汉武帝在睡梦中梦到了“彩云南现”，认为是吉兆，便派

遣使者找到“彩云南现”之地，设置了云南县。

225 年，蜀汉丞相诸葛亮统三路大军亲征云南，“不以力制，而取其心服”，收服豪强，安定南中。诸葛亮把南中五郡调整为七郡，划出弄栋（姚安）、叶榆（大理）、邪龙（巍山）、云南（祥云）、遂久（丽江）、姑复（永胜）、青蛉（大姚）七个县，设立云南郡，郡治就在今天祥云境内的云南驿一带。由县为郡，历史翻开了新的一页，云南驿的军事政治经济地位进一步提升。云南驿作为蜀国南中七郡之一，为滇西北地区的政治、经济、文化中心长达 358 年。

唐贞元年间，是云南驿的鼎盛时期。唐武德四年（621 年）至大宝九年（750 年）的 129 年中，云南驿为西宗州与宗居县的州、县治同驻地。但唐代的西南边事主要是与吐蕃、南诏的军事外交。云南的地方政权南诏则依偎其间，时而与

金色古驿道

吐蕃结为兄弟，时而与大唐结为同盟。天宝九年（750 年）南诏阁罗凤起兵反唐，至天宝十三年（754 年），唐王朝先后三次派兵征讨，唐军将士战死者十几万人。阁罗凤说："生虽祸之始，死乃怨之终，岂顾前非而忘大礼。"下令收埋唐军将士尸骨，在下关龙尾关筑"万人冢"，祭而葬之。并在大理太和城立碑刻石，记述了不得已叛唐的原委。战后，南诏归顺吐蕃，唐王朝则失去了对云南的控制。由于云南驿北控成都、东制昆明，南诏国先后在这里设置了云南节度、赕、睑等军政机构，在反复的征战当中，云南驿作为军事重镇与交通要冲的地位日益凸显。

宋代，中国并没有实现完整的统一。《宋史》所记，立国之初，宋太祖赵匡胤鉴于南唐旧事，心存戒备，于是对着天下版图，玉斧一挥，砍去了大渡河以外的一角，说：这片地方我不要了。从此，淡化了朝廷和大理国的交往，但民间贸易依然频繁，文化交流从未中断，宋太祖的这个想法没想到竟带来了西南边境近三百年的和平。这时云南地方政权换成了段氏大理国，在云南驿沿袭了前代的军政设置。大理自建国以来，与宋朝一直保持着密切联系。976 年，宋太宗册封大理国王为"云南八国郡主"；1115 年，大理国与宋朝正式建立臣属关系。宋朝为了维持北面的安危，与大理国订下了和平协议，开放边境口岸，实行"茶马互市"，宋朝买马使者杨佐曾投宿云南驿，在其《买马记》中称当时属于大理国直辖地的云南驿为"大云南驿"。大理国每年有三四千匹马从云南驿辗转北上，充实到宋军兵营中。马市的繁荣，关系国家和平与人民幸福，云南驿功莫大焉。

1253 年，忽必烈率领大军，用羊皮筏子渡过金沙江，破大理国。蒙古人的铁骑终于还是踏上了云南的土地。第二年，破押赤城（昆明），擒大理国王段兴智，段王爷被任命为大理总管，世袭。1274 年，元朝廷派大臣赛典赤·瞻思丁到云南，建立"云南行中书省"，为全国 11 个行省之一，政治中心从大理迁到昆明（当时名为中庆）。"云南"这两个字的行政级别再次被提升。

云南行省平章政事（相当于省长）赛典赤·瞻思丁在云南主政期间，完善行政、军事和司法，修水利，办教育，发展经济，民族团结，社会稳定。"兴滇之心，事滇之子"，兴利除弊，大胆改革，深得人民拥戴。至元十六年（1279 年），赛典赤·瞻思丁死于任上，举城巷哭，送葬群众"号泣震野"。忽必烈闻讯后，"思震典赤之功，诏云南省臣尽守赛典赤成规。"大德元年（1297 年）追

封他为“上柱国、咸阳王”，谥“忠惠”。现在昆明城中还有一个“忠爱坊”，就是为纪念他的功德而立。瞻思丁去世后，他的儿子纳速剌丁继任云南平章政事，同样对云南的经济社会发展做出重要贡献。纳速剌丁“开云南驿路”，完善了全省驿传系统，而云南驿由于地处要冲，成为一个较大规模的驿站，枢纽作用凸显，派驻军队护卫。

元朝在云南的统治持续了一百多年。明洪武十四年（1381 年），明太祖朱元璋命大将军傅友德、蓝玉、沐英统兵三十万征云南，元朝的梁王把匝剌瓦尔密兵败，全家投滇池自杀。第二年，明王朝改中庆路为云南府，设四州九县。沐英是朱元璋的养子，云南平定后，留滇镇守。整个明朝，沐氏世袭统治云南，共 264 年。《明代驿站考》载：“云南驿，属大理府云南县。”在今祥云县东南之云南驿。

明代的云南县城，从云南驿迁往“洱海卫”城，即今天的祥云县城，从此结束了云南驿从西汉到明朝初期长达 1500 年作为县、郡、州、赕和节度所在地的历史。从此以后，云南驿仅仅作为驿站保留下来，云南驿的名称也由此而来，并一直沿用至今。

从历史深处走来的云南驿，最早叫云南的地方，在这里曾经来了汉代中原的使者，来了唐朝征伐南诏的大军，来了元朝始祖忽必烈的铁骑，来了明朝旅行家徐霞客，来了“藩王”吴三桂，来了清朝云贵总督岑毓英，来了禁烟英雄林则徐，来了美军陈纳德带领的“飞虎队”……是云南驿把他们带到这里来，也是他们把云南驿带向更加宽广的世界。

彩云南现

云霞

上苍厚爱祥云，把奇丽的风光和彩云赠给祥云。

祥云是中国通往东南亚及南亚的重要通道，境内“川原坦夷，山高地旷，河流短急”，是一片被历史的大风大雨激荡、浸润的古老土地，它有蟠龙卧虎的壮丽山河、风烟滚滚的历史沉淀、民殷物阜的广衍平坝、交通便捷的区位优势，还有“彩云南现”的美丽传说。在这方神奇富饶的热土上，最诱人、最神秘的就是与她名字一样美妙的云彩。她奔放、多情，充满诗情画意，透着无限美感；她吉祥、美丽、亲切，显其仙气和灵性，让人魂牵梦萦。

“请来祥云看彩云，这里的云彩多风情，一朵更比一朵美，萦绕蓝天在飘行，金色璀璨的云，像遍地烟叶在流金，雪白飘荡的云，像青海不落的帆影，身在祥云看彩云，会把你引入梦境。请来祥云看彩云，这里的云彩织憬锦，一朵更比一朵俏，向着太阳舞不停，银色涌动的云，像鹿鸣山岗的羊群，红艳闪光的云，像水目茶花笑迎春，人在彩云画中游，会陶醉你一颗心。”歌曲《看彩云》在祥云传唱，在“茶马古道”上回味悠长，旋律优美轻快，像水面上荡漾的层层波纹，又像林子里透出的束束光斑，敞亮舒展，继而温润感动，抒发着对祥云的深情眷恋和无限热爱。

在云南这片美丽神奇的土地上，一直流传着“彩云南现”的神话。相传，汉元封二年（109 年），汉武帝得知西南有一条通往印度的丝绸之路后，就经常在宫中向西南遥望，于是梦见天边飘过祥云，武帝认为是“吉祥之兆”。于是，便遣使追寻“彩云”的踪迹，使臣们一直追到今大理祥云，认为这里就是“彩云”的尽头，汉王朝便在此设云南县。打那以后，每一个祥云人，都亲切地把祥云叫作“云南之源，彩云之乡”。

“彩云南现”的故事毕竟是传说，真正形成彩云南现自然景观的原因，是由于横断山脉南麓亚热带高山垂直立体气候和印度洋季风气候的相遇而呈现七彩之色。因此，“彩云”不止存在于传说中，还存在于自然界的地名中，如地名“祥云”“云南驿”“彩云山”“九鼎云峰”等，古老的钟楼上赫然高悬的“彩焕南云”的巨匾，都以一个“云”字传扬，走到哪里，都有美丽的祥云相伴。

著名作家沈从文1940年在散文《云南的云》中写道：“云南是因云而得名。”“云南的特点之一，就是天上的云变化得出奇，尤其是傍晚的时候，云的颜色，云的形状，云的风度，实在动人。”著名诗人、散文家徐迟在20世纪50年代途经云南驿时，也为云写下赞美的语句：“在这四季如春的土地上，千万种花开放了，花固然好，云却也一样，花开得像云，云却美得像花。这天空是云彩的玻璃暖房，这儿可见到品种最名贵的云。”“云是阳光最喜爱的娱乐场，云是一个光明的居住处……”

祥云的九鼎云峰，最诱人的也是“云”。日出时，白云弥漫一色，平铺峰下，诸峰朵朵，仅露九顶，日光映之，如九簇青莲，不辨海陆。那平铺的云海，随气流、风速变幻莫测，云海雾霭。静观之，有心驰神往的海平云、万马奔腾的穿梭

云、波澜壮阔的翻海云、宛若少女的玉带云、层层叠叠的天梯云、飞流直下的瀑布云……白如雪，光如银，阔如海，软如棉。彩云山的彩云绕石飞崖、变幻莫测，若驻足山腰，伸手可扯云，整座山随飘飞的彩云在挪动，让人目眩。青海湖上空闲淡的秋云，在粼粼的水波中流动，时而在湖水中翻滚，如同天边无际的羊群，时而随风飘游，在融进水里的山巅萦绕，缥缈奇幻，分不清白云是飘在空中，还是浮在水里，云水相映，熠熠闪闪，光彩四射。广阔天空的祥云，有时似“浓墨重彩”，有时整个天空里却只有疏朗的几丝，仿佛不会有惨淡的愁云、厚重的雨云，高原的干燥气候创造出的是又白亮又轻柔的云朵，美得无法言说。

形态各异的云彩让人震撼：在瓦蓝铮亮的天空映衬下悠悠飘着，白得像刚刚从土地上绽放的棉朵，像刚刚从石头上盛开的雪莲，轻盈犹如梦幻，丝丝缕缕，奇异诡幻，刚柔相济，自然互补，“遥望碧天静如扫，拽一缕，轻烟缥缈。”安静，随和，似乎只有浩浩的大风才能让它们挪一挪缓缓的脚步。乘着汽车，就感觉那云飘浮在窗口，登上高山，就感觉那云栖落在掌心。日出彩锦，落日丹霞，乌云泼墨，云卷云舒，风云际会，暮色冥冥……气象万千，幻化无穷，她时而像狂奔的骏马，时而如温柔的羊羔，时而如抽丝的柳线，时而似燃烧的蜡烛，时而若涓涓的小溪，有的像山峰，

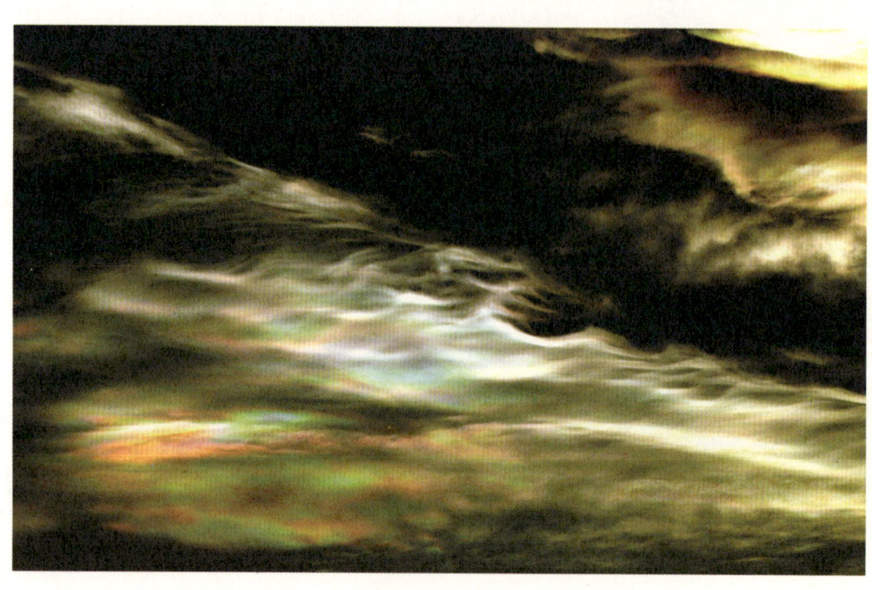

有的像丛林，还有的像孔雀、像百灵、像白族姑娘漂亮的身段……她奔放、多情，充满诗情画意，她既豪放狂野，又温柔乖巧，让人留恋，让人心醉，让人魂牵梦萦，叹为观止。

人道是："舒卷意何穷，萦流复带空；有形不累物，无迹去随风。"尤其是在清晨或者傍晚，由于阳光的作用，天空变得殷红烂漫，原来飘游在晨风中的白云——形如花椰菜的浓密云、蓬松得像长绒棉的毛卷云、滑腻得像河蚌足的淡积云、聚散如绵羊般的高积云，全都被曙光和夕阳镀上了一层金边，宛如一幅璀璨的油画。

七彩的祥云，从山的那头走到这头，从水的那边游过这

边，从早到晚与青山嬉戏，云在微曦中一朵朵苏醒，然后抖落黑夜的毯子，穿上镶着金色阳光的衣裙，与自己中意的山头消磨时光。生气的时候，高高在上；高兴的时候，裙摆轻拂；缠绵的时候，相拥着消失在云海。累了，就静静地伏在山上睡了。有人说，祥云如此美丽，是用苍山的雪和下关的风两种原料，经过大自然神奇的画笔调制出来的。祥云的云聚散盈缺、乍起乍收、飘忽不定、吞吐万变，“一重未过一重催，一畔萦岩一畔开。”

2008年北京奥运火炬取名“祥云”，它的理念来源于“共生、和谐共融”，体现“天地自然，人本内在，宽容豁达”的东方精神，将古老的中国传统文化和现代奥林匹克精神相结合，既是和谐的文化，也是生命的礼赞。“祥云”火炬的命名更在无意中契合了祥云的地名，云是祥云的灵魂，是祥云的血液，是祥云跳动的音符，是祥云的骄傲，是祥云的福气。歌曲《祥云是个好地方》唱尽了“彩云南现”之地——祥云的美好：

古云南是个好地方，高原平地鱼米乡。

古有清华洞，洞顶有天光。
大小勃弄百万庄，汉武帝设云南郡，
代代相传是名邦，古道通四方。

祥云是个好地方，高原平地米粮仓。
水目山色美，青海水汪汪。
名胜古迹世无双，民族风情多情趣，
万家欢乐喜安康，祥云是个好地方。
……

祥云是个好地方，其地如名，为世人瞩目。而今，古老的祥云正在崛起，彩云已现于南天，吉祥正随风飘荡。

鸟瞰新祥云

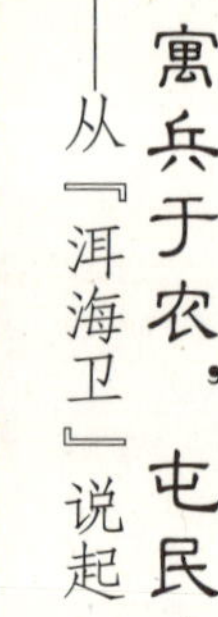

『寓兵于农，屯民实边』

——从『洱海卫』说起

从“四山环现一条河”的高原平坝，到物华天宝、翰墨文邦的福地，这一漫长的历史过程中，明朝“边屯”的设置为祥云增添了丰厚的人文积淀。山有禅意的水目山，水有柔情的青海湖，伴随祥云秀丽风光的，是她古已有之的历史文化底蕴。

明军南征云南

明洪武三年（1370 年），朱元璋平定了四川之后，根据云南复杂的地理、历史及现状，朱元璋做出了“云南僻远，不宜烦兵”的决策，采取先礼后兵进行招抚的措施，于是派出使臣诏谕元朝派驻云南的梁王把匝剌瓦尔密。朱元璋先后七次派遣使臣前往云南，结果使臣大多被梁王杀害。诏谕不行，朱元璋怒不可遏：“云南自昔为西南夷，至汉始置吏，臣属中国。今元遗孽把匝剌瓦尔密等自恃险远，害我使臣，在所必讨。”

明洪武十四年（1381 年），傅有德为主帅，统 30 万大军南征云南。《明史 · 太祖本纪》记载：“十四年九月朔（初一），傅友德为征南将军，蓝玉、沐英为左右副将军，帅师征云南。”大军由南京兵马司的金吾前卫、金吾左卫，朱元璋亲军卫队的天策卫由

浙江都司、江西都司、湖广都司、河南都司组成。朱元璋在南京皇宫前的柳树湾高石坎，检阅了 30 万大军，并到龙江为南征军饯行。万艘大船齐发，旌旗“遮天蔽日”地沿长江向武昌进发，拉开了南征云南的序幕。

南征军从南京出发，先进兵入滇锁钥曲靖，继而拿下滇城昆明，计 114 天，可谓兵贵神速。然后南征军兵分两路，直插向临安、大理纵深地带，很快平定两地。梁王把匝剌瓦尔密和属下自杀，妻子和家眷全部投滇池。朱元璋刚刚打下徽州还没有做皇帝时，就听取了儒士朱升“高筑墙，广积粮，缓称王”的建议而开始了“屯田”制度。立国之后，便从内地开始，逐步实行军队屯田。

洪武十六年（1383 年）九月，西平侯沐英奏请云南“屯田”，说“云南地广，宜置屯田，令军士开耕，以备储蓄”。朱元璋同意了沐英的建议。沐英令军士且戍且屯，既解决

祥云钟鼓楼原貌

吃粮问题又稳固驻守，一举兼得。一时云南屯田大兴，粮食收获大有增加。军屯云南的具体情形为，占据要害，千屯遍列（城镇、坝区、交通沿线），定点驻屯，卫所固定地点驻屯，形成城镇村庄，建立士兵及其家属的户籍，隶属于军府的军户。云南屯军达七八十万之众，屯军形成的村庄多用屯、营、卫、旗等命名。沐英主滇九年，屯田总数百万余亩，促进了云南的农业发展。

军屯如此，那民屯、商屯又是怎样的情形？明代的商屯叫作“盐屯”，即盐商在边地纳粮而换取盐巴，凭“盐引”（专利权证）销盐而获利。云南禄丰、大姚产盐，有黑盐井、白盐井、自流盐井，是商屯者的集结地。《明史食货志》说：“明初募盐商于各边

开中，谓之商屯。”云南被平定之后，傅友德将军向朝廷上奏说：“盐商中纳，戍兵屯田所入并给之，上悉，可其奏。未几，置云南盐课司以益军费。”

明王朝“洪武调卫”，开创了云南民族大融合的鸿篇。汉民入滇，他们把江南的文化教育、生产工具、农耕技术、粮疏籽种、建筑样式、节日习俗、婚俗葬俗，甚至饮食习惯、宗教信仰、民间娱乐等带进古滇地区，蛮荒的云南自此不再蛮荒。而“寓兵于民，屯民实边”政策的推广，则彻底改变了云南政治、经济、文化的格局。以“军屯”“民屯”和“商屯”形式定居下来的中原军民，把先进的生产技术和文化与当地少数民族文化相辉相融，促进了云南地方文明的发展。

“足兵食、固边陲、扩耕地、兴水利、发兵源、广教化。”明王朝戍边军以撼天地之伟功为云南边疆经济、文化的发展谱写了千古华章。

1 祥云古城——洱海卫

“边屯”文化

云南地处西南边疆，故统称“边屯”。“边屯”指的是“屯居边地”，而有关它的一切文化形态、文化积淀正是“边屯文化”。“边屯”文化中的“屯”之本义为“聚集”， 就是一部分社会群体为了一定的目的，通过一定组织形式聚集、驻扎在边疆地区生活。

应该说，滇西地区“边屯”的历史相当久远，自从人类社会有了社会组织，尤其是较大的社会共同体，就产生了社会共同体间的领域分野，并随之产生了相互间的联系与冲突，从各自需要确保其领域的自然资源、社会利益、人民生命之安全，于是产生了守边、屯边、戍边行为及其文化。但是，作为一种成熟的制度，在我国最终完善于秦汉时期，并开始有军屯、民屯、商屯之分。随着中国版图的不断盈缩，“边屯”的范围也在不断地调整之中。

祥云境内的民族和民族经济，是随着古代政治制度的发展变化

和交通的发达而发展的。它的一次次发展，记载着境内居民的发展和演化。最早进入祥云境内的是自称“土族”“羌彝”的彝族土著居民，他们的先民用简单磨制的石器敲醒了这块沉睡的大地，创造了人类的古文明。

春秋战国时期，分布在云南的民族群体，基本上属于氐羌、百越、百濮三种。从氐羌族系中分化出来的“僰族”，就是羌之别种。“僰族”是滇国的主体民族，在《汉书·地理志》中有“滇僰僮”“僰”与“白”同音的阐述。1964 年，祥云县境内白族先民聚居的大波那村，发掘出国家珍贵文物铜棺，是战国时期的墓葬，当时只有“僰族”实行棺葬。棺内有百余件青铜器，说明当时的“僰族”先民已经过上了定居生活，农业和畜牧业都比较发达，纺织业也已产生，青铜铸造技术成熟，并出现了阶级差别现象。约在公元前 279 年，楚国扩张，楚顷襄王派楚将庄蹻入滇，庄蹻入滇时，为了开发云南，曾经携带许多内地军民屯垦

黄草哨

云南，庄蹻和他身边的这些人，成了内地汉族大规模进入云南的起始，带动了楚文化和云南民族文化的融合。

汉元封二年（前 109 年）后，汉武帝开西南夷道，不断派汉族军队来西南驻军，并迁移内地汉族人民来边疆屯垦，“云之南”从此便有更多的汉民族成分。当地的彝族、白族先民由此开始接触从内地传来的先进文化和先进生产技术，发展社会经济，从游牧发展为农耕的定居民族。并会铸造和使用青铜器，从事农耕和手工生产，能够开采冶炼金属矿藏。汉章帝建初二年（77 年），云南县始建学校，教化百姓，历史向文明不断前进。从内地迁移来的汉族军民，长期在西南生活，逐代繁衍，有的与地方民族融合，有的保持了汉俗。

三国鼎立时期，蜀汉武侯诸葛亮率兵南征，挺进云南（今祥云），以至“白崖”。征服云南后，在云南县置云南郡，治云南县（今云南驿）。西晋南朝时期，永宁（今宁蒗）、云平（今宾川）两县都纳入云南郡内。云南郡治的云南县成了这两个时期滇西地区的政治、经济、文化中心，农业、手工业生产较为发达，出现了欣欣向荣的景象。

明洪武十四年（1381 年），皇帝朱元璋指挥征南将军颍川侯傅友德、副将军永昌侯蓝玉、平西王侯沐英率领大军入滇驻防，用“洪武调卫”实施规模空前的“寓兵于农，屯民实边”大手笔，实行军屯、民屯和商屯制度。沐英、蓝玉率师攻克大理，至品甸土官等率众归附，改品甸赕为“洱海卫”。“洪武调卫”的大师之笔，使得内地汉族大量涌入云南，移民遍布云南各地关津要隘，汉族从此成为云南人口最多、生产技术最先进、文化内涵最丰厚的主体民族，彻底改变了南蛮之地少数民族落后的命运，让“唐标铁柱”“宋挥玉斧”“元跨革囊”不能实现的梦想变成了现实。

明洪武十七年（1384 年），朱元璋命令把戍留云南军人的内地家属全部遣送云南，把罪犯流放充军到云南，命令迁徙部分内地居民到云南。这样，从内地来的军人形成了落籍云南的军屯户，他们以卫、所、官、屯的组成形式，分布在云南的各个地方。在云南县城内实行“土流兼治”“府卫参半，军政分职”，开展大规模的军屯、民屯、商屯的屯田

❶ 上坡营

❷ 阮营

❶ 东城门及钟鼓楼

❷ 白塔邑

生产。仅军屯一项制度，就在云南县东屯田56941亩，人数达9397人。明朝大规模屯田制度的实施，促进了封建地主经济的发展。

明朝大批的汉民族带着中原地区先进的文化技术来到云南，垦荒造田，改旱地为水田，改良土壤，改进耕作方法，选用优良品种，推广先进农具，大造水利工程，改善庄稼用水条件，提高粮食产量。同时，他们还带来了先进的儒家文化，在长期的繁衍生息中，融入了当地的历史、民俗、军事、经济、文化，开创了祥云农耕文明史的新纪元。

如今，祥云各地尚存的大量“卫”“所”“屯”“铺”“营”“邑”等地名，都是当初“边屯”的遗迹。有以姓氏命名的：如王家庄、赵营、刘营、阮营、周李营、郭官营、谢官营、周家庄、周家屯等。有以地方主人姓氏或身份命名的：如孔官营，始祖孔成明，明洪武年间奉旨征滇，授职后在该地屯田落籍；李家营，明代洪武年间，曾有李姓军户在此扎营屯田；虞旗营，虞姓旗军在此驻扎，后称为虞情；董营，始祖董友弟明洪武年间征滇，授武毅飞骑尉，在该地屯田落籍。有以军队机构设置命名的：如练昌，明朝时期曾在此地设过练兵场，后称为练昌；小牧舍，明代该地曾设过军马牧场；前所，明代曾在该地设前所哨；银牌庄，原称银盘庄，旧时该地曾驻扎过兵营，后谐音为现名。有以地方明显特征或专业命名的：如瓦窑村、马坊、草场、白塔邑、白屯、新邑等。

地名是历史的重要载体，是经过漫长历史演

东城楼

变形成的。特别是村名，是人们在生产、生活中共同创造而约定俗成并受社会公认的地域代号。

祥云历史悠久，人口众多，村庄密集，地形复杂，大量的村名和地名资料，既能够揭开历史的现象，又能反映地理自然特征。

“洱海卫”城

祥云古城被称为“洱海卫”，就是因明朝时推行“寓兵于农，屯民实边”政策，此地为新设立的“洱海卫”官署和军队驻地而得此称号。

明洪武十七年（1384 年），朱元璋在全国的各军事要地，设立军卫。其下依序有千户所、百户所、总旗及小旗等单位，各卫所都隶属于五军都督府，亦隶属于兵部。此法的实行，须有一套能保障军队数目的户籍制度配合，来维持卫所制的运行。明代自京师达于郡县，皆设立卫、所，外统于都司，内统于五军都督府。也就是说，卫、所分属于各省的都指挥使司，各省的都指挥使司又由中央的五军都督府划片管辖（云南都指挥使司隶属于中央右军都督府）。都指挥使司下辖若干个卫，卫下辖一定数量的千户所和百户所。大抵 5600 名军人为一卫，1120 人为一所，一般每卫设左、

❶ 洱海卫城一隅

❷ 梦回祥云

右、中、前、后5个千户所；120人为一个百户所，百户所设总旗2个（每总旗辖50人）、小旗10个（每小旗辖10人）。此外，还有单独驻扎一个地方、直接归都指挥使司管辖指挥的千户所，叫作守御千户所；还有称为“御”的军事机构，管2到3个千户所。至洪武二十三年（1390年）时，全国共有内、外卫547个，所2563个。

明朝军屯的目的是“实边”“镇守”，但新生的明王朝政权受到土著政治势力的挑战。首先，屯边者们大多为男性单身赴边，故而采取“夷娘汉老子”的方式与当地“夷女”结婚繁衍后代，造成血缘大融合，其后代历经数代乃至十数代的多种族反复通婚而产生了“新云南人”，奠定了“你中有我”“我中有你”的民族认同与文化趋同基础；二是他们带来了内地的先进文化、先进技术，通过兴修水利、改善交通、开垦荒地、兴办儒学、建造寺宇、开设集市等方式，促进了云南边疆的文明开化、技术进步、经济繁荣、人才辈出，使云南日益成为西南的首善之区；三是他们与土著居民相互学习、相互影响，并不断赋予其新的精神，共同构建起多元一体的“滇云文化”格局，铸成了谦卑、忠厚、亲和、灵慧的滇云民族性格。云南州复改为云南县，县城从云南驿迁至现祥云城，县卫合一，并构筑了当时系云南布政使司及云南都指挥使司推行“寓兵于农，屯民实边”政策的要地“洱海卫”，从此，“洱海卫”成了“七分耕种、三分操兵”的新据点、新家园。

“洱海卫”整座城池为正方形，方圆四里三分，四街八巷的建筑格局，整个城区成回宫格布局，仿佛一枚方印，城中心矗立着的五层钟鼓楼即为“印把子”。似乎是一件贵重的古董，被四周的绿玉镶嵌着，端立在岁月深处。城池堞墙围起了小城，城墙高二丈三尺，上半截是砖，下半截是加工成方形的巨石。两条逶迤绵长、错落有致的长街，分别从中心建

筑钟鼓楼横贯东西南北。

光绪《云南县志》载："县城在昔屡迁，洪武十五年指挥周能重筑甎城。十六年遣六安侯王志、安庆侯仇成、张龙等督兵一万即品甸缮城池、立屯堡、置邮传、安辑人民，又遣都督冯诚、指挥赖镇、曹政及千百户等督建洱海卫城。周十二里，高二十五尺。十九年改筑，甎其上，石其下，为高二十有三尺。墙厚一十四尺三寸，宽长一千六百一十二弓，池广四丈，深可二丈，旁植杨柳，周四里三分，楼堞巍然，为门有四：东曰镇阳，南曰镇海，西曰清平，北曰仁和。门额久废。周城垛口一千五百三十，建钟鼓楼于城北，上有铜壶滴漏，街有五，巷凡十三，具四纵五横之形。"

镇阳门

"洱海卫"城依然风姿如昨。从古城的"印把子"钟鼓楼下，

东城楼

向蜿蜒伸展的东街前行，鳞次栉比的民居旧宅，翘檐门楼，漆栏雕梁，皆匠心独运，构成许多韵味醇厚的版画。走进东边的镇阳门，门洞用大型长方形砖砌筑而成，墙垣残宽 42 米、高 6 米、厚约 14 米，洞顶作拱券形。城门洞上的三层楼堞还在，隐约可见精巧的斗拱和彩绘，想象当年的轩昂，翻修过的镇阳门，更显其建筑精严雄壮，楼堞、砖墙、拱洞古色古香。

穿过门洞，在城埂外的河堤上，长满了蓬茸的荒草，墙面上的砖石已经为岁月的风烟所磨蚀，变得像耄耋老人的牙齿一样残缺不全。当年厚重的城墙外面护城河河宽 12 米、深 6 米，城内外的军民，只能通过吊桥出入。可以想象，古代的战争要进攻这样的城池是十分艰难的。民国时期，云南县（今祥云县）的知事、诗人路承熙写下这样的诗句：

古匡城下柳如烟，疏密成行断复连。
抛却官忙闲散步，看眠看起已三年。

从垂柳披拂的河堤直到北门，穿过北街牌坊，似乎就到了一段古典诗悠扬的韵尾。面临北街巷，端立着许多寓意吉

祥富贵的砖雕门楣，图案有财神、八仙、龙凤、麒麟、花瓶、方戟等，表现出宅第主人生活华贵、品位优雅、祈求平安通达的精神状态。这一幢幢大院老屋，斑驳沧桑，像“洱海卫”城脸上古旧的纹理，引领人们出入历史文化空间。

老南街上的旧风古景、市井闲情，寻觅岁月没有来得及抹去的影像，一不留神，便踩踏出历史的音律。街面只有 5 米宽度，用长条石板铺成，不时用古拙的音响，呼应着零零散散的脚步。一砖一瓦，搭建出老街灿烂的生命，书写着城池生动的历史，两侧是鳞次栉比的店房，密密匝匝的市招，茶食店、杂货店、豆腐店、茶馆、酒楼、客栈、浴室，行当齐全，应有尽有，经营着各种花布、陶瓷、草席、茶叶等日杂用品。

沿着古街慢步行走，嗅摸着古老蜿蜒的腰身，走入时空深处，仿佛时光在倒流，一种只有在古装影视片中才能看到的景象。街两

祥云夜景

边的民居，一间连一间的小店铺，街边的房舍宅院依古街走向，高低错落有致，屋顶大都是灰色的瓦片，和天空相互映照，这承载着历史的古朴民居建筑群，显得那么和谐自然。

经历了几百年沧桑的“洱海卫”风采依旧，古街披上了朝气蓬勃的迷人风韵，增添了浓浓的情趣和诗意。外墙的屋脊飞檐彩陶，梁檩窗屏木刻雕花、彩绘漆画，工艺精湛的建筑群，其建筑之精美，文化底蕴之深厚，无一不体现出匠人的聪颖智慧。

如有闲暇，漫步在古街，品味着古城之美，回味“洱海卫”城的历史变迁，别有一番滋味。

玉皇阁

彩云增辉

古坊增辉

牌坊是一个古城的灵魂。县城老街建有“彩云增辉”“洱海遗韵”“云南古郡”三座古牌坊，其工艺精湛，内涵丰富，高大秀丽，浩荡威严，凝重粗犷，图案精细，造型美观大方，上书醒目大字，景象动人心魄。无论造型的别致，还是结构的坚实，都体现了工匠的纯熟技艺，具有传统的建筑风格，蔚为壮观。

南街的“彩云增辉”牌坊的取名，是承了“彩云南现”的来历传说；北街的“洱海毓秀”牌坊，依据《祥云县志》记载，是明朝于祥城坝筑城（今县城）置“洱海卫”而荐名的；西街的“云南古郡”牌坊也是依据《祥云县志》概述考：蜀汉建兴三年（225 年），诸葛亮平定西南，于境内置云南郡，是为兼顾保留古云南历史和云南郡置管过程而荐名的。这三座牌坊，不仅传承和记录历史，让牌坊建筑这一宝贵的历史文化遗产重放光彩，也为装饰美化、辉映古城而生辉，是古城新貌中的一道靓丽风景。

从“彩云增辉”牌坊往右拐，沿着日新月异的市区走进龙翔路、清红路，探访城池老去的痕迹，透过泛黄的纸页，许多旧年标志建筑已无存留。穿过西门“云南古郡”牌坊，历经沧桑的“洱海卫”城在迷蒙的光晕中，从悠远的时空深处走来。阳光下青灰苍老的瓦片，如同凝重的波浪，从无数个檐头瓦当，向屋顶斜斜地起伏涌动。往东行，一条街道向远方无限延伸，伸入那被岁月黯淡了的钟鼓楼下，六百多年荏苒岁月，消磨着它的容颜，剥蚀着它的色彩。

到了西街，往左进入祥云一中校园。校园里的老建筑斗拱重檐，翼角轻举，线条流丽，形制古朴，勾窗图案各异，典雅秀丽。栏杆和梁枋上，雕刻着吉祥如意飞龙祥云的纹饰，凝结着家乡民间匠人对莘莘学子的期望。

回到城中心钟鼓楼，在淡淡的阳光下，“彩云增辉”“洱海遗韵”“云南古郡”三座牌坊巍然伫立，一经朝霞涂抹，变得更加金碧辉煌，似乎在默默诉说着几百年来的风云变幻。

钟鼓楼

“洱海卫”城的“印把子”钟鼓楼，始建于明洪武十九年（1386 年），当地有民谣说：“祥云有个钟鼓楼，半截插在云里头。初一去烧香，十五才下楼。”可见当时钟鼓楼是全城最高的建筑。

鼓楼夜色

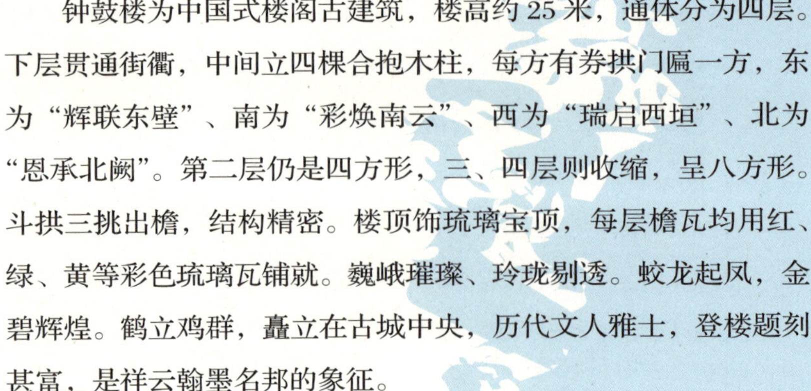

钟鼓楼为中国式楼阁古建筑，楼高约 25 米，通体分为四层。下层贯通街衢，中间立四棵合抱木柱，每方有券拱门匾一方，东为“辉联东壁”、南为“彩焕南云”、西为“瑞启西垣”、北为“恩承北阙”。第二层仍是四方形，三、四层则收缩，呈八方形。斗拱三挑出檐，结构精密。楼顶饰琉璃宝顶，每层檐瓦均用红、绿、黄等彩色琉璃瓦铺就。巍峨璀璨、玲珑剔透。蛟龙起凤，金碧辉煌。鹤立鸡群，矗立在古城中央，历代文人雅士，登楼题刻甚富，是祥云翰墨名邦的象征。

游人进入古城景仰钟鼓楼，便觉置身于祥和、静谧的文明胜地。登楼览胜：琼楼玉宇，画栋雕梁，冈峦体势，钟鼓渊声，音震回荡。极目四望：一览空阔，烟波浩渺。南拱青海，北至九鼎，东揽飞凤，西蟠卧龙。山原盈视，川泽骇瞩。云南焕彩，丽日春晖。物华天宝，人杰地灵。山川楼阁，交相辉映，气象恢宏之态，绘就祥云钟鼓楼之大观。

飞檐上挂着风铃，风过之后，风铃在天空间摇摆飘动，发出脆响，清脆而不尖锐，凝重而不沉闷，像水中的涟漪、梦中柔琴，在空中荡漾，敲打着诗行，把韵味浓郁的祝愿，播撒向脚下密匝的远年遗迹。

深夜时分，静默的大地上，月光下的古城只剩影影绰绰的轮廓，把整个古城笼罩在一个安静无比的梦里。钟鼓楼的屋脊、飞檐，将夜晚分割成一段段优美的线条，一个个富有韵味的空间。长天黛蓝，疏星点缀，如眉的新月，挑挂在屋脊高檐上，增加了“洱海卫”城夜的神秘，长街似睡非睡，似醒非醒，也许它正在调匀气息，净化心灵，擦亮远年图像，萌生明天的激情。

钟鼓楼经过全面修葺彩绘之后，呈现政通人和的盛世景观，激起高人雅士竞相题咏，如联：

钟楼崔巍，层台耸翠，飞阁流丹，文献华表，叹先辈胜绩。看：东临瑞鹿，西接苍洱，南俯铁柱，北

仰鸡足；黍稷盈畴，育数十万黎民，造就王家俊杰。随红军健儿长征，八支边纵举战旗；更斩棘披荆，改天换地，纪标为凭。忠诚士庶承大志，赓续未绪，千秋浩气千秋业。

川甸广衍，沃壤弘博，彩云交辉，翰墨名邦，喜古迹重光。想：战国铜棕，汉置云南，唐诏版图，明军屯田；伟列丰功，拓二千里疆域，砥砺龙虎精英。集文武群雄荟萃，四方风雨会匡州；有水目幽刹，清华洞天，九鼎见证。德慧各族延垂统，施谋远略，万里宏图万里行。

钟鼓楼，凝聚了古人多少艰辛的努力和智慧，垒砌成数条街名巷号，记载着先民的雅致情怀、生动想象，与“洱海卫”城远年故事、地貌特征，连成一串久远的名号。

一个老城如远年古董，不经意地显示着一种悠远的文化，飘逸出的古风古韵，笼罩在旧日街巷之中，飘浮在往年的河堤之上，点染在百年宅院之间，尘封在虫蚀的故纸堆中。凝固在砖瓦构建和古董纹饰中的历史，如远年岁月中的一束烛光，照亮了一个又一个时代，慢慢氤氲着六百多年的时光。

将军第

“将军第”，是祥云县城里北中街的一个古民居，主人是清朝将军杨发贵。杨发贵，生于清道光二十八年（1848 年），因在光绪年间剿匪有功，被清廷授予“黾勇巴图鲁”名号。光绪十一年（1885 年），又在赴越抗法的战争中表现出色，勇号由汉改满，即“喀勒崇伊巴图鲁”，于光绪十七年被召进京面圣，后任广西柳庆镇总兵，官二品。之后委派到广西任职。

《光绪朝朱批奏折》中记载：

> 杨发贵，年四十三岁，系云南大理府云南县人。由行伍于同治八年投效本省军营剿办迤西逆匪，十年六月克复鹤庆州等处被贼砲伤穿过左臂，案内出力以千总拔补并戴蓝翎，十一年进攻大理府城池登城守敌，左骨髅被贼人枪伤八处，带子五颗，随将杜逆伏诛，群酋尽灭，全郡肃清，案内出力蒙保，于十二年正月奉上谕著免陛守，备以都司尽先补用，并赏加副将衔。钦此。
>
> 是年二月，克复顺宵府城池，并锡臈等处贼巢及围攻云州等处，案内出力蒙保，于三月奉上谕著免补都司，并

赏给“巴勇巴图鲁”名号。钦此。旋于攻克腾越厅城池被贼枪伤顶门，云南全省肃清，案内出力蒙保，于闰六月奉上谕著免补游击以参将尽先补用，并赏换花翎。钦此。又因前克复大理府属蒙化赵州各城池，并攻援上下两围，案内出力蒙保，于十三年正月奉上谕著赏给二品封典。钦此。

光绪二年，（杨发贵）生擒匪首苏开先，并克

复顺宵腾越等城池，驱逐云州各匪，案内出力蒙保，是年七月奉上谕著免补参将以副将尽先补用。钦此。十一年，进攻越南宣光临洮等处，先后大获胜仗，案内出力蒙保，于是年五月奉上谕著赏加总兵衔，并赏换“喀勒崇伊巴图鲁”名号。钦此。十二年四月，委署东川营参将，十三年五月蒙保，以副将留滇归班补用。是年八月剿办猓黑夷匪，擒获逆匪张登发，十四年四月委署寻霑营参将，嗣于剿办猓黑夷匪，案内出力蒙保，于十五年三月奉上谕著充军机处记名，遇有总兵缺出请简。钦此。

是年八月，委带广西营战兵，十六年四月接带绥靖右营防军。是年五月出师三猛剿办逆首魏鸣高，七月奉撤回省驻扎，本年七月蒙保，以年富力强勇敢善战送部引见，于本月初七日由兵部带领引见，奉朱笔圈出著发往广西差委。

从记载中可以看出，这位祥云籍的清朝抗法将军杨发贵一直骁勇善战，曾立下汗马功劳，朝廷多次奖赏，因而才在家乡建造了这样一座庄重气派的院落。这一座木结构民居建筑院落，古旧而有气魄，是传统四合五天井式，至今保存基本完好。院落坐西朝东，建筑形制规整，布局灵活，造型别致，共一院约四十间。屋面为青瓦，白灰粉饰外墙，青砖作墙裙，以天井为核心。座座小楼，深深庭院，外雅内秀。内有花园一座，堂前屋后种植着花草盆景，各处的梁柱和栏板上雕刻着精美的图案，工艺精巧，十分壮观。门前街道用大青石板铺就，气宇轩昂的大门是主人财富与地位的象征，斗拱飞檐高高挑起，指向云天。大门系砖瓦结构，建筑精巧，门头上一块大理石匾镌刻着“将军第”三个字耀眼醒目，房子的一砖一瓦、一草一木皆历尽风霜。

“将军第”是祥云民居的重要组成部分，是不可多得的历史文化遗产。那不动声色的浮雕朱梁，深墙灰瓦以及斑驳的墙壁，仍然记载着百余年前的辉煌，仿佛又漫卷硝烟，再现着清王朝威风凛凛的武将杨发贵的往事，撞击着人们的心灵。

一个古老的院落，体现着古民居的“筋、骨、肉”，传承着地方文化的“精、气、神”。

守望英雄的岁月

二战期间，云南驿作为抗战生命线上的“驼峰航线”和滇缅公路上的重要驿站和补给站，曾发挥了重大的作用。云南驿机场曾是“飞虎队”活动的军事要地，云南驿也因接纳了众多的美军驼峰航线官兵，而被称为“小纽约”。走上茶马古道，昔日熙熙攘攘的古迹遗址将任由你浮想联翩，不觉回想那些守望英雄的岁月。

中国远征军集结祥云

1941 年 12 月 8 日，太平洋战争爆发，英美对日宣战。日军进攻英属缅甸殖民地，驻守英军无力抵抗，在英国的求助下，12 月 23 日，中英在重庆签署《中英共同防御滇缅路协定》，中英军事同盟形成。中国为支援英军在滇缅（时为英属地）抗击日本法西斯，并为了保卫中国西南大后方，组建了中国远征军。中国方面以杜聿明为代理司令长官，由中缅印战区参谋长史迪威指挥（1942 年后称为中国驻印军）。这是中国与盟国直接进行军事合作的典范，也是自“甲午战争”以来中国军队首次出国作战。

1943 年 4 月至 5 月，中国抗日远征军部队两个军部、一个整师及二军、五十三军、五十六军部分部队，十万余人云

集祥云，在进行短期整训后陆续投入抗日前线。不久，四个部队的医院和粮站也先后进驻祥云，祥云成为抗日将士的集结地和滇西抗战的大后方。

在祥云至弥渡沿线，分别驻有五十三军直属炮兵营、工兵营、通信兵营、特务营、搜索营和辎重兵团。县城的许多学校成为军事机关的驻地，智光寺（今县城城西小学）驻有六十六军（军长张镇）军部，九峰小学驻有政治部。五十四军（军长方天）军部驻城西大乘村吴少默家（吴少默，祥云人，当时是中共地下党员，后任云南省委常委），政治部驻马街天马营，其下属的五十师一个整师、三个团驻下庄坝。五十六军、二军、炮工团部分部队驻青海

营、沙龙街、周家庄沿线。远征军总监部祥云粮站驻祥城东岳庙。第二野战医院（院长彭光辉）驻百长村，国民党军政部第75医院驻祥城西外智光寺，并在城内文庙（今县城祥城镇一中）、城北外玉皇阁设有病床。随后，军政部28医院及69野战医院也相继进入祥云。

此外，云南驿机场也是中国远征军的重要指挥中心，陈诚、卫立煌等著名将领曾在这里指挥远征军作战。大量的美国军人和来自全国各地的军政人员云集此地，使云南驿一时成为当时国际性的抗战基地之一。

1942—1944年，中国国民政府先后两次派出近三十万远征军进入缅甸与日寇作战，在付出了十万余人伤亡的代价后，全歼缅甸日军。1945年，大部分远征军相继撤离祥云后，部队医院等军事机构才随之离开。

抗日战争时期，作为“驼峰航线”空运战略物资重要中转站的祥云，境内驻军、工程技术人员以及外地劳工、商人等多达十余万人，几乎相当于当时祥云县的总人口，这对干旱少雨、水

❶ 抗战时期，10万中国远征军集结祥云，图为远征军在云南驿机场等待乘坐C-47运输机前往印度

❷ 1944年4月，驻祥云的远征军第54军的第14师和第50师被紧急从云南驿机场空运赴印度，转缅甸支援作战

资源短缺，粮食、肉类、蔬菜等食品本来就只能自给的祥云人民来说，是个沉重的负担。但勤劳善良的祥云各族人民，在地方政府的倡导下，积极开垦荒地，扩大杂粮种植面积，将节省出来的粮食、畜禽供应给援华空军和驻祥云的中国军队。向盟军和中国军队供应粮食达两百万斤、蔬菜达数十万斤，禽蛋、猪牛、羊肉十余万斤，柴、煤等燃料上百万斤，捐款十余万元（滇币），举全县之力支援全民族抗战，为抗日战争关键时刻的最后胜利做出了重要的贡献。

不可磨灭的记忆

“云南驿”这个名字，无数次地出现在各种记载二战的书籍、杂志中，在云南驿服役的盟军官兵，来自大洋彼岸的异域信函，收件人地址只须写上 Yunnanyi China（“中国 云南驿”），简略得不能再简略了，可见战争时代祥云的“云南驿”在世界上曾有过很高的知名度，因“驼峰航线”和云南驿紧密相连。

“驼峰航线”的开辟改变了战争的历史，位于祥云县境

云南驿风光

内的云南驿机场的存在则和云南众多的军用机场一起，为收复滇西、稳定亚洲战场和人类反法西斯统治起到了重要的作用，在世界反法西斯战争史上留下了光辉的一页，为全民族抗日战争胜利立下了不可磨灭的功勋。

云南驿，地处滇西东大门，是古代中国西南部一个重要的咽喉之地，从古到今都是兵家必争之地，是滇西著名的商埠驿站，是滇西北的政治文化中心，具有厚重的历史底蕴。云南驿的东南边有一片阡陌纵横、一马平川的土地，和平年代这里春来禾苗绿，秋来稻花香，周围村寨山清水秀，绿树成荫，民房散落其间，犹如一幅山水田园诗画。

1929 年，国民党政府在云南驿村东面的开阔地上，修建了一个大型商务机场，用粗石铺成跑道和停机坪，占

❶ 1944 年的云南驿机场

❷ 驼峰航线上的云南驿

地 260 亩。建成后，国民党航空部队第三十八站组建并进驻云南驿机场，设置油料、机械等科股及其养场大队、运输队、航转站，并且由守备团、宪兵队、高炮连等三类地勤兵种分工协作整个机场的维修、养护，建制比较完备。

1937 年 8 月至 9 月，蒋介石以“统一抗日”为名，指派国民党中央军官学校副校长蒋坚韧到云南接管了云南航空队，并将云南驿机场变为军事基地。此时，正是日本侵略军直逼中原之际。1938 年初，国民党中央空军军官学校初技培训学校从洛阳搬迁到云南驿机场，至此，云南驿机场成了飞行员训练基地。为适应训练的需要，便向地方征地派工，开始扩建。扩建期间，国民党中央空军军官学校初技班在原办学的基础上，相继培训了第十三、十四两期共三百多名初技航空学员。

1940—1941 年，第十四期学员正在学习训练时，日本侵略军转手采取南进之策，先后攻占了越南、泰国、马来西亚和缅甸等与中国相邻的国家，切断了输入中国抗日外援物资的陆地运输国际线滇缅公路。这时的云南驿机场，为适应飞行训练基地和空运中途转运站的双重任务需要，于 1941 年 8 月，向南华、姚安、大姚、巍山、弥渡和祥云等地大量征工雇工，进行大规模的扩建，每日施工人数达数万人。在此期间，日本侵略军多次派出飞机，对云南驿机场实施空袭轰炸。

云南驿机场经 1935 年、1938 年、1941 年、1943 年和 1945 年五次扩修后，占地面积 1222.5 亩，有跑道 3 条、滑行道 4 条、疏散道 25 条、停机坪 10 个、飞机掩体 25 个、专用公路 5 条。祥云各族人民以付出

420000 个劳工、死伤者近千人的代价，与邻县人民一起为抗日战争筑就了空中航路重要中转站——云南驿机场。

云南驿机场就是“驼峰航线”上的中转站。“驼峰航线”的开辟改变了历史，云南驿机场的存在，保证了早期飞虎队和后来美军第十四航空大队完成“驼峰”飞行任务。云南驿机场是抗战中保卫我国大西南的一个重要中转战，是中国全民族抗战的一个重要组成部分，也是世界反法西斯战争的一个重要组成部分，是中国军民同美国援华部队同心反抗日本法西斯的光辉史实的见证。

2004 年 3 月 30 日，中美航空历史遗产基金会执行主席杰夫·格林，美国空军退役准将、前美国国防驻中国国防武官让·雷诺兹一行的会见仪式在大理举行，仪式上，杰夫·格林说：“云南驿在二战期间的历史意义非常重要。机场的修建，对保证驼峰航线西线的顺利畅通起到了至关重要的作用。”

沧桑血泪史

二战时的云南驿机场，是抗战中的一个重要中转站，演绎了多少烟尘故事，留下了多少沧桑血泪……

1940 年 12 月 12 日，云南驿机场连遭 2 次 9 架日本飞机的轰炸扫射。国民党中央空军军官学校的 21 架菲聿梯教练机和 3 架运输机全被击坏炸毁，在场的两个机械师亦被炸伤。国民党中央空军军官学校初技班的教官、学员全处于不安状态之中，以致丧失了飞行训练的信心，尽管当地政府和县长在轰炸发生后，星夜筹办物品迅速赶去慰问，也难以稳定不安情绪，1942 年初，国民党中央空军军官学校初技班迁离了云南驿机场。

二战时期的云南驿机场

1941 年 12 月 8 日，太平洋战争全面爆发，这使得中国急需的战略物资如飞机、汽车、汽油等的进口和运输雪上加霜，异常艰难。1942 年 5 月 3 日，日本侵略者的铁蹄踏进了滇西，形势危急。7 月 4 日，中国空军美国援华航空队——“飞虎队”宣告解散，改编为美国第十航空队第二十三大队，陈纳德任少将司令，带着冒险精神，开辟了从昆明到印度阿萨姆邦的中印空中航线“驼峰航线”，将当时急需的国际援华物资源源不断地输送到抗战的前方和后方，狠狠打击了日本侵略者。

抗战期间，美国援华飞行大队“飞虎队”驻守云南驿飞机场，这里成为滇西战场上重要的军事基地，并在云南驿建立了“纽约村”“美国红医院”专用场所。开设了“纽约餐厅”“华美餐厅”洋味饮食店，建起了北棚仓库，板桥、戴家凹飞机修理厂，紫金山油库，大量战壕、掩体、防空洞、防空壕和炮位等。连续数十里的军事设施，一时间云南驿在县内外享有“小香港”“小纽约”之誉。

1944 年，远征军在滇西攻打日本人，作为“驼峰航线”的中转战云南驿机场，每天都有战斗机、运输机、教练机等数十架飞机起降，战斗机的主要任务是配合中国远征军对保山、龙陵、芒市等地实施攻击和保护云南驿机场，运输机的任务是运输美军全部军需供应及中国远征军二十集团军的武器、弹药、粮食、被服等物资。

陈纳德将军的第二十三战斗机队和第二十五运输机队进驻于国民党空军军官学校初技班撤离之时，也是国民党政府正在组建力量加紧扩修云南驿机场之时。其飞机有：P38 型和 P40 型轻重轰炸机、P51 型驱逐机及多数是道格拉斯式的运输机，共两百余架。美国陆军第十四航空队进驻云南后，并没有很快削弱日军在中国战场疯狂南进的嚣张气焰。因而日军在 1942 年至 1944 年间，为扫除南进的障碍，数十次派出轰炸机，对云南内地的航空基地和重镇进行了狂轰滥炸。在这一期间，作为扩修期间和美军航空队进驻期间的云南驿机场，遭到了日军飞机的 15 次空袭。

为适应战争需要，大批劳工投入到机场加宽加固的工程中。日机常常突袭于警报未发之时，轰炸机轰炸后，攻击机轮番俯冲扫射，轰炸范围内的人们惊慌失措，生死未卜于瞬息之间。据《祥云文史资料》记载：1942 年 3 月的一天，日军轰炸机 28 架和零式战斗机 8 架轰炸扫射云南驿机场，炸死正在修建机场的民工 250 余人，国民党留驻机场的三十八站股长黄友德和机械士张信，亦中弹身亡。事发之时，美军航空战斗机队起飞应战，因跑道扩修，只能单机起飞，所以只飞起两架，打落日军飞机 1 架。

1942 年 12 月 26 日、27 日，日军飞机连续空袭云南驿机场，民工死 25 人、伤 12 人，美军航空队飞机毁 3 架。1943

二战时期的云南驿机场

年1月16日和26日，日军飞机先后两次轰炸、扫射云南驿机场，民工死2人、伤4人。

1943年4月26日上午11时至12时之间，日军54架轰炸机、战斗机从西南上空袭来，对云南驿机场和附近村庄进行了一次规模较大的轰炸、扫射。美军航空战斗机队起飞应战，击落日军飞机3架。扩修机场的20000民工，在日军飞机投弹轰炸和低空扫射时，死去的有406人，负重伤的有200人，负轻伤的有171人，共计

777 人。

这天日本飞机到达水目山上空时，机场没发警报，因而扩修机场的民工都误认为飞来的是美军航空队调来增补的飞机，依然埋头苦干，没有疏散。日本飞机临空轰炸、扫射时，美军航空机队停在机坪上的飞机有的被炸成碎块、有的中弹起火烧毁，许多民工无处隐蔽，纷纷倒在血泊之中。那些从附近村里赶来的妇女，亲眼看见日本飞机轰炸云南驿机场的惨景，在痛哭流涕中喊丈夫、找亲人，小孩哭泣着找爹娘，老人在凄惨地呼儿唤女，有的抱着尸体长声悲泣，在工地上有幸活下来的民工，有的在人群里寻找亲人，有的在痛苦呻吟……留下的是一个哭天喊地的惨景。死难的民工，有的被炸死，有的被扫射枪弹打死，有的血肉横飞、肢体分离，死得最惨的是拉大石碾子的民工，他们皆是八九十人一堆，一二百人一片，有的拉大石碾子的绳索还套在身上。

飞机场上用来修建机场的石碾子滚圆滚圆的，体积、重量都非常大，最大的一个高 1.8 米，约重 5 吨，需要几十人或者

二战时期的云南驿机场

上百人去拉。牵引的绳索非常粗，长达四五十米，两边还拉出许多稍细一些的绳索供每一个劳工使用。拉石碾子时，需要将绳索紧紧套在身上并系上扣，每一个劳工必须使出全身的力气才能拉动石碾子，如果突遇紧急情况发生，劳工很难迅速解下绳索，生死未卜于瞬间。死去的民工，附近村里的由各家各户认领抬走，外地来自较远的巍山、大姚、姚安等县的民工，他们的尸体被装上车，全拉入距离飞机场五公里以外的北溯村蚂蟥箐里掩埋。一炮一个血坑，一步一个的生灵，蚂蟥箐掩埋尸体的“万人坑”，就是当时修飞机场被炸死的民工的见证。

云南驿机场的红土地上，不知流了多少人的鲜血，哭干了多少妈妈的眼泪，写下了多少勇士无悔的诺言，为了捍卫祖国的主权和保卫家乡的安宁，无数的军民投身到这场抗日的战争中。如今，机场已经完成了历史赋予的使命，战争的硝烟消失殆尽，可它的旧貌依稀可辨，纵横的跑道，半框形的“机窝”，几吨重的圆柱形大石碾子……这一切，依旧能触摸到历史，穿越时空似乎能见到英勇抗战的人民群众、远征军的队伍、潇洒英俊的美军飞行队员、美丽纯洁的军队护士……

“飞虎队”和“驼峰航线”

“机窝”遗址

“驼峰”不是一个具体的地理名称，而是在抗日战争中，中美两国

飞虎队

人民共同在号称“世界屋脊”的我国喜马拉雅山脉和缅甸的茂密丛林上空开辟的一条空中航线，运送抗战物资，功勋显著。飞行员在空中俯视连绵起伏的山峦，有如骆驼的峰背，似在骆驼背上飞行，故称“驼峰航线”。

太平洋战争爆发，英美对日宣战。1942 年 5 月 3 日，东洋鬼子的铁蹄伸进了滇西地区，踏碎了明亮的太阳，踏碎了宁静的日子，踏碎了云南安稳的梦，踏碎了滇西美好的一切。更糟糕的是，中国抗战后方与世界相连的最后一根输血管——滇缅公路被彻底封锁了！此时，作为亚洲主战场的中国，必须将这一场维护民族尊严的战争进行下去。为抢运战争物资，美国派第十四航空队来华参战，其中进驻云南的是以陈纳德少将司令为首的美国陆军第十四航空队。该队机头均有虎头图案作为标志，号称“飞虎队”。

“驼峰航线”是从昆明到印度阿萨姆邦的中印空中航线，航程 1100 多公里，航线地处喜马拉雅山支脉，横跨怒江、萨尔温江，飞越高黎贡山、喜马拉雅山，海拔多在 3000 米以上。这条航线所经过的地区，由绵延的群山组成，最高山峰海拔为 7600 米，全都是冰雪覆盖的崇山峻岭。航线由南北两线组成，其中，南线从汀江起飞后过杜姆杜摩到达奈卡河叉，然后飞越怒山、澜沧江、横断山脉，经大理、下关、苍山、洱海，到达云南驿后再到昆明。南线高山较北线少，好天气也较多，但距密支那、八莫日寇空军基地近，经常受到袭击。

“飞虎队”飞行员面对低气压、强气流的飞行死敌，以 C46、C47、C53 等十多个型号飞行高度只有 5000 米，载重时仅可飞到 3500 米的运输机，在驼峰似的高山峡谷中穿行，战胜了无法战胜的危险，开辟出一条被称为“死亡航线”的空中通道，将当时急需的国际援华物资源源不断地输送到抗战的前方和后方。可以毫不夸张地说，飞越“驼峰航线”的

战士们是二次世界大战期间最无畏的勇士。美国《时代》周刊曾这样记载："……至战争结束，在长 520 英里、宽 50 英里的航线上，飞机残骸七零八落地散布在陡峭的山崖上，而被人称作'铝谷'。在晴朗的天气，飞行员完全可以把山谷里延绵不断的金属碎片当作航行地标……"一位当初曾在这条航线上战斗过的美国飞虎队老飞行员弗莱彻·汉克斯至今仍然认为："驼峰航线是当今世界上最为艰险的一条航线。"

"驼峰航线"是世界航空史上的英雄创举，也是二次世界大战战果最为卓著的盟国空中力量，为抗战胜利做出了贡献，是一条中国抗战和世界反法西斯的生命线，是二战中持续时间最长、规模最大、条件最为艰险的空中运输线。当时由顾建平任社长，陈寒华任总编辑所创刊的《滇西日报》，曾做过《超级空中堡垒炸日本》《祥云空战详报传到，我共击落敌机八架》《中国抗战八年为日本侵略者之末日》《腾冲沦陷二周年感言》《克复龙陵进迫芒市》《胜利在望告边胞》《腾龙地区敌寇之暴行》《滇西我军攻入腾冲》《松山克复后的龙陵战角》等报道。

美军飞虎队官员视察云南驿机场

在三年多的"驼峰航线"运输中，空运指挥部共向中国运送了

736374 吨物资，但损失了 468 架运输机，有 1579 名美国飞行员英勇捐躯。在从 1942 年 5 月到 1945 年 8 月三年多的时间里，中美双方共在这条航线上投入各种运输机、战斗机和轰炸机约两千架，其中坠毁和失踪的飞机就达到 609 架，牺牲和失踪的飞行员达到 1500 多名。但就是在这条航线上，八十多万吨战略物资被运往中国昆明，再用汽车，甚至马车、人力车转运到战争前线，为打破日军封锁、为中国战场提供补给做出了重要贡献。

美国总统罗斯福在亲笔信中这样写道："美国志愿队的大智大勇连同你们惊人的业绩，使整个美国为之自豪。"日本驻华部队司令官高桥中将在二次世界大战结束后说："日本在中国面临的有效反击的 60% 至 70% 是陈纳德将军的第十四航空队发动的。如果没有第十四航空队，在中国的日本军队可以为所欲为地推进到任何地方。"

美军援华参战，彰显的是人的正义和善良，是超种族、超国界的，比语言更具表达力，比时间更具穿透力。中国人民永远不会忘记陈纳德将军以及美国空军官兵在中国军民浴血抗日岁月中所做出的巨大牺牲和杰出贡献，中国人民永远不会忘记飞越"驼峰航线"的勇士们。

历史是应得到珍重的。在大理，渔民们曾在洱海中捞起了"飞虎队"战机的一支机翼，人们把它送到大理市博物馆，慎重地陈列在博物馆橱窗里。在祥云县清华洞的山坡上，翠绿松柏之间耸立着"飞虎队"队员莫尼中尉的纪念标，年轻的战士在祥云土地上一直微笑着。

1993 年，昆明郊野公园隆重举行了"驼峰飞行纪念碑"揭幕仪式，陈纳德将军的遗孀陈香梅女士和美国"驼峰协会"的代表专程来昆明参加了落成典礼，与中国人民共同铭记"驼峰精神"。

"驼峰航线"的开辟，不仅粉碎了日军大规模的侵略和封锁，而且为支持一个庞大的战场而实行大规模的空运开了先例，在稳定亚洲战场和人类反法西斯侵略中起了重要的作用。

抗战中的祥云子弟

在那个硝烟弥漫的年代，在祥云这块美丽的红土地上，虽然不是战争一线，但人们却怀着对国家的热爱、对民族主权的满腔热情，“国家兴亡，匹夫有责”，年轻男子积极报名参军上战场，产生过许许多多的抗战英雄。抗日战争爆发后，上千名祥云子弟应征入伍，开赴抗日前线与日寇浴血奋战，其中有名的就有出生于云南驿村，后任六十军副军长的杨炳麟；出生于刘厂乡张厂村，后任五十八军副军长的肖本元。而在阵亡的抗日将士中，有姓名可查的却仅有 285 人，那些血洒疆场的无名英雄应该更多。

而今，历史的烽烟早已散去，物是人非，但回顾历史，依然可以从抗战老兵的身上感受到中华民族不畏强敌，敢于战胜敌人的英雄气概，感受到祥云儿女铁肩担风雨，视死如归、保家卫国的壮志豪情。

至中国人民抗日战争暨世界反法西斯战争胜利 70 周年的 2015 年 9 月，祥云县健在的抗战老兵还有 29 名，他们都已经是耄耋老人，历经沧桑，年近百岁。在这 29 名老兵中，有的曾是中国远征军的士兵，曾经赴缅作战；有的曾参加过台儿庄战役、松山战役；有的经历了南京保卫战；有的负伤后隐姓埋名回到家乡；有的在越南接受过日军的投降。当年那些年轻人踊跃从军、保家卫国、血洒疆场，在勇士的墓碑上，很多人却没有留下他们的姓名。

杨炳麟，是祥云县有名的抗日将领，他在六十军当团长，带领着云南的血性男儿抗战杀敌的英勇壮举一直被祥云人传诵。杨炳麟（1900—1987 年），字友竹，1900 年 3 月 18 日生于云南驿村一个农耕兼小手工业家庭。1918 年从军，在护国军将领唐继尧部当学兵。1919 年，调驻粤滇军第三

飞虎队长官和国军守机场士兵亲切交谈

国民党航校学员实战演练

师军士队任助教。不久，驻粤滇军内讧，他即回滇，考入云南讲武学堂第十六期步兵科。1922 年毕业后，分派到建国第七军警卫营任排长、连长，后任宪兵队长。因时局混乱，弃军投考，考入陆军将校队学习。结业后，任唐继尧的翊卫队中队长。1927 年唐继尧被推翻后，所在部队编归第三师，杨炳麟任中校营长，他吃得苦、受得累、不贪财，博得上司的信任。

1937 年，卢沟桥事变后，国共两党第二次合作，组成抗日民族统一战线，云南组织陆军第六十军开赴前线抗日，杨炳麟升任六十军一八二师团长，参加著名的台儿庄战役和武汉保卫战，及赣北、奉新、安义一带的争夺战，为抗日战

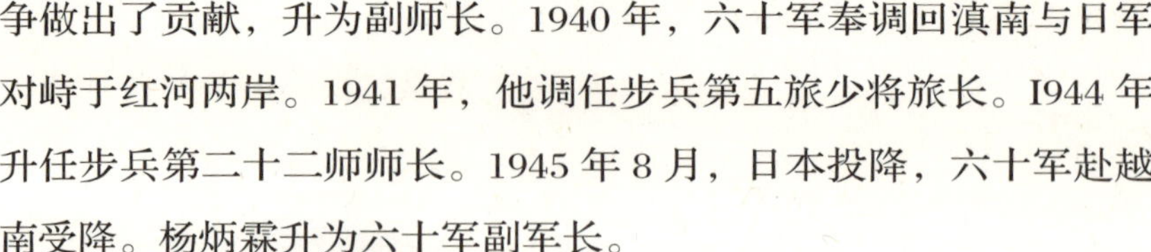

争做出了贡献，升为副师长。1940 年，六十军奉调回滇南与日军对峙于红河两岸。1941 年，他调任步兵第五旅少将旅长。1944 年升任步兵第二十二师师长。1945 年 8 月，日本投降，六十军赴越南受降。杨炳霖升为六十军副军长。

1948 年，云南省主席卢汉为应付急剧变化的形势，召集部分高级干部到地方掌握实权，杨炳霖被派往姚安任第八区专员兼保安司令。1949 年 4 月奉调回昆，训练地方行政干部。卢汉起义后，杨炳麟任云南人民临时军政委员会军官管理处处长，后任中国人民解放军步兵预备学校军事教员。1955 年，杨炳霖从部队转业，任云南省政府参事室参事和副主任，同时任省政协常务委员会委员、民革云南省委员会委员。从小小的云南驿村走出去的杨家儿郎，成长为抗战疆场上戎马一生的将领，祥云人勇敢率直的秉性成就了杨炳麟传奇的一生。

肖本元（1895—1990 年），字士先，1895 年 8 月出生于刘厂镇张厂村。在那个战火纷飞的年代，作为祥云的求学青年他弃笔从戎，后率军征战，因战绩卓著而成为抗战将领。在祥云读完私塾和高等小学后，肖本元考入云南省立第二中学（现大理一中），后又考进云南省讲武堂学习。1921 年毕业后，在唐继尧部近卫四团任排、连、营长等职。龙云执政时期，曾任磨黑盐场场长，第三旅第三团团长。

1937 年，肖本元任国民革命军第六十军一八三师五四一旅副旅长，参加著名的台儿庄战役后，调任一八三师任参谋长。因部队伤亡较大，一八二、一八三师整编为两个团置旅建制，肖本元任旅长，赴湖北阳新县、排市地区与日寇作战。1938 年任第一集团军兵站分监，负责军需补给。1942 年调任五十八军新编第十师师长，驻江西樟树，在丰城三江口与日寇作战。1945 年 9 月，日本投降后，五十八军进驻南昌受降。后奉调北上，进驻宿县永城地区。

1947 年，蒋介石发动大规模内战，肖本元任五十八军副军长。在五十八军调往南阳作战途中，军部在马刘营被人民解放军包围，除军长鲁道源逃走外，全部被俘。被俘后，经刘伯承、陈毅的诚挚教诲，肖本元决心不再与共产党和人民为敌。待肖本元返回部队后，将在解放区的所见所闻向鲁道源报告，意欲策动起义，但鲁道源态度暧昧不做抉择，肖本元毅然弃职回云南。后在云南省绥靖公署任参谋。1949 年随卢汉起义后，肖本元被安排在西南军区第二速成中学，任军事教员。1955 年 1 月，到云南省文史馆工作，任馆员。肖本元一生耿直，一直保持军人性格，雷厉风行，吃苦耐劳，晚年为收集云南的矿产和地震资料辛勤工作，竭尽余力。

莫尼中尉

美国飞行员罗伯特 · H · 莫尼中尉，一位来自遥远大洋彼岸的英俊军官，英姿飒爽，嘴角常绽露着含蓄而优雅的笑容。抗战时期，作为 P–40 战斗机飞行员的莫尼中尉，驻守在云南驿机场，和战友们一道担负着保卫机场和为运输机护航的任务。在一次日军空袭中，把生命永远留在中国西南的这片红土地上，笑容永远定格在 22 岁。

莫尼中尉

1942 年 12 月 26 日，日军 12 架轰炸机突袭美国驻华空军特遣队的云南驿基地。莫尼中尉和他的战友们接到警报，奉命驾机升空迎敌。当日机飞抵机场上空时，发现地面停放着一排 P–40 战斗机，就开始发起攻击。空战中，莫尼中尉率先击落一架日机。当莫尼退出攻击，准备重新加入编队时，一架日机劈头向他冲来，他来不及避让，一瞬间，莫尼勇敢地撞向日机。莫尼的战机不幸起火，并失去控制急速向祥云县城坠落。在这紧急关头，他看到了地面上的人群，想到如果飞机坠落在祥云城内，将会造成灾难性的后果，还可能殃及云南驿机场。莫尼勉强操纵战机，艰难地滑翔着离开祥云

莫尼中尉在战机上
（拍摄于 1942 年）

城的上空，选择在一空旷地区上空离机跳伞。由于飞机急剧下降，他失去了跳伞的最佳高度，降落伞没有完全张开，加上飞机下降速度很快，莫尼被重重地摔在地上。降落伞又随着大风把莫尼中尉拖拽出了几百米远。

祥云县城里的民众亲眼看见了这一惊心动魄的场面，当战机在小镇后山爆炸时，民众们纷纷奔跑前去抢救。受重伤的莫尼被送到手术台，县城里的名医董济元想尽办法，使用最好的进口药品进行救治，但莫尼终因伤势过重救治无效，永远地闭上了他那双湛蓝的眼睛，当晚牺牲。祥云民众为了纪念罗伯特 · H · 莫尼中尉拯救祥云城人民的英勇壮举，自发地捐款捐物，决定为罗伯特 · H · 莫尼中尉建一座纪念标。5 个月后，“美国空军莫尼中尉殉职纪念标”在城外三公里处清华洞的山坡上建成，美国驻华空军特遣队官兵与祥云民众共同举行了隆重的纪念标落成典礼。在莫尼中尉的家乡——美国的北堪萨斯，也为莫尼中尉建立了同样的纪念标。

半个世纪后，莫尼的妹妹戴维斯来到祥云，当看到祥云人民为哥哥建的纪念标后，她感慨万分，从诗人吉卜琳的一首赞美诗中节选了一段，赠予祥云人民：

哦，东方在东方，西方在西方，
两方不相遇，直至天和地，
站在上帝的面前，接受最后的洗礼。
可是，哪里还有东方西方，甚至国界、种族，
两个强健的民族自地球的这方和那方，
走到一起，面对着面！
喧嚣和欢乐都已平息，
国王和首领也已逝去，
只有您的勇士啊，依然屹立，
以一颗平凡宁静的心。
……

在二战中，留下的是人与人之间最真挚的友谊，没有国界的区别，英雄站在正义的阵营前，一起战胜邪恶！

莫尼中尉纪念标

“驼峰天使”——黄欢笑

都说战争让女人走开，但是却有很多女人为了正义、为了和平，走进了充满流血杀戮的战争中，留下了动人的故事。黄欢笑，澳门籍的美丽女子、纯洁的香港女护士，为拯救民族危亡，从香港辗转来到云南红土高原，成为美国“飞虎队”的护士。在反法西斯的战火中，她和美国“飞虎队”的飞行员、美军医院的同事们，和中

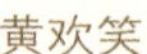

黄欢笑

国远征军的军人们一起，在红土高原上用青春和热血演绎了中华儿女同仇敌忾、献身民族解放战争的感人故事。

1941 年 12 月，日军占领香港。1942年秋，黄欢笑响应宋庆龄的号召，加入了“中国同盟救护”组织，从香港历尽艰难险阻辗转到内地昆明参加抗日。1944 年，黄欢笑调到桂林美军医院，8 月 8 日衡阳失守，桂林美军医院和驻扎桂林的飞虎队一起撤退，医院里的护士们被分到成都和重庆，只有黄欢笑一个人被分到美驻华十四空军云南驿基地医院，是“驼峰航线”最靠前线的医院。

黄欢笑在云南驿美军“驼峰航线”医院时，医院里只有她一个女护士，而且是中国女护士。在这种陌生的环境里，在这偏远的云南高原上，黄欢笑敬业工作，和美国同事们为抢救来华参战的美国空军战斗人员、地勤人员并肩工作了两年，一直坚持到抗战胜利。黄欢笑护士救护了很多帮助中国人民抗日而受伤的美国士兵，飞行员很感激她的照料，称她为“驼峰天使”。她与美国士兵、祥云人民结下了弥足珍贵的战斗友情。

在 92 岁高龄的时候，黄欢笑女士回到了云南驿，在那条青石板路上，

黄欢笑和美国飞虎队老兵在一起

她回忆着那段血雨腥风的抗战岁月，感慨万千，记忆中留下的不仅仅是血雨腥风，还有一个个为和平而远离故乡的美国战士，他们身上洋溢着正义、勇敢和爱心。作为一名最前线的护士，黄欢笑目睹了战士们为“驼峰航线”所洒下的鲜血，甚至付出的生命。在其他地方相继沦陷后，“驼峰航线”支撑起了中华民族最后的希望。从 1943 年年底后，中美空军开始逐步夺得中国战场的控制权，极大地鼓舞了中国的民心士气，并获得了最终的胜利。

苦难的孪生兄弟

——记滇缅公路、滇缅铁路和中印输油管

岁月沧桑，逝者如斯。战场的硝烟早已飘散，和平的阳光普照大地，可人们不能忘记，也不会忘记，在距今约七十年的“太平洋战争”和“滇西抗战”爆发前，正是中国抗日战争进入相持阶段，中华民族处于日本铁蹄践踏的最危险时刻，在云南西部边疆地区发生了修筑滇缅公路、滇缅铁路和中印输油管这三件震动世界的大事。

滇缅公路

滇缅公路始于昆明，越漾濞江、澜沧江、怒江，越云岭、怒山、高黎贡山等横断山脉及滇西纵谷至畹町，跨国界经八莫、密支那，又到印度雷多。关于滇缅公路的修建，要从1937年7月7日卢沟桥事变说起。

卢沟桥事变后，日本海军封锁了中国沿海，阻止世界各国援助抗战的物资进入中国，我进口军用物资和汽油由此中断，抗战到了生死攸关的紧要关头。为了粉碎日寇的封锁，在1937年8月的南京最高军事会议上，云南省政府主席龙云就参加国防会议之机，主动提出修建一条从昆明经畹町到缅甸腊戍的公路，以开辟抗日第二国际交通线。1937年11月，国民政府“行政院”正式下令：限期一年内修通滇缅公路。省政府令省公路总局主持其事，

会办杨文清受龙云委托，负责协助其修建滇缅公路。12 月，滇缅公路总工程处在保山成立。随即，在 547.8 公里的公路线上，来自滇西十多个县的彝、白、傣、苗、傈僳、景颇、阿昌、德昂、回、汉等民族的二十余万精壮山民，自带口粮、被褥和锄头、镐、橇、锤等工具，翻山越岭奔赴施工地点。山民们在划分路段的三山三江（苍山、高黎贡山、怒山和黑惠江、澜沧江、怒江）的高山深谷之间，依着简单的窝棚，在几乎没有任何施工机械的情况下，使用最原始的工具，吃着粗淡的苞谷野菜饭，顶着烈日酷暑，冒着烈日风霜，仅靠自己的双手，奋力干着最艰苦的工作，用血肉之躯劈山造路、过河架桥，斗瘴疠，战疟疾，努力修建滇西山区的第一条通道。

滇缅公路的修建，事关抗战，责任重大，杨文清受命以后，日夜忧虑，恐托付不效、贻误战机而愧对国人。在整个修筑工程中，杨文清以爱国为前提、以抗战为己任，风餐露宿，全身心投入修路工程，亲临工地巡察督导，常年奔走于公路沿线，动员各州县组织民工抓紧工期抢修公路。滇缅公路上最大的桥梁是功果桥和惠通桥，杨文清先生日夜奋战在工地，依靠桥梁工程科技人员，采用钢绳吊桥方案，解决了

滇缅公路纪念碑

建桥工程中一个又一个的困难，使两座桥按时顺利通车。为了解决建桥所需的钢材及资金问题，杨文清亲率技术人员专程前往缅甸，奔走在仰光、腊戌之间，发动滇西著名旅缅华侨梁金山先生及华侨商号鸿盛祥、永茂和等为建桥集资，加快了施工进度。经九个月的奋战，终于在苍茫的崇山峻岭中，修通了这条令世界为之赞叹的生命之路，踏出了一条跨怒江、澜沧江两大河流的坦途，沿途山高谷深，水流湍急，山势险峻，悬崖峭壁，令人望之悚然，创造了世界公路史上的奇迹。1938 年 8 月，下关至畹町全线通车。

对滇缅公路的修建，祥云人民出力尤多。1937 年 10 月 1 日至 1938 年 4 月底，从修毛路到正式公路建成，全县共出工 25000 多个，还有牛、马和毛驴上阵，许多妇女儿童在路旁敲碎石，沿途熙熙攘攘，工地沸腾，义务半义务出工达 118.8 万个。正是这些具有大无畏牺牲精神的无名英雄们，用自己的鲜血和生命，捍卫了中华民族的尊严和祖国领土的完整，并在云南大地上书写了一支恢宏博

交通“咽喉”

大的民族团结金曲。

缅甸的仰光失陷以后，很多军需物资都从这条蜿蜒曲折，穿越于崇山峻岭、江河峡谷的滇缅公路运进中国。据《中华民国统计提要》记载，仅从1939年7月至1942年5月的近三年中，滇缅公路抢运的军需品共计45.2万吨、汽车1.3万辆。还有苏联6000吨援华物资也经由此路输入中国。在此期间，日军专门成立了“滇缅路封锁委员会”，先后出动飞机四百多架次，对滇缅公路进行狂轰滥炸。其中被称为“咽喉”的功果桥多次被炸毁，皆因沿线护路保路人员及时抢修，方得以保持“血脉”畅通。

品读滇缅公路，总会激情澎湃、豪情满怀、心生敬畏。人们无法想象，20万中国劳工用双手在崇山峻岭间，开凿出了长达近千公里的交通大道，有力地阻止了日本侵略者的痴心妄想。为此，美国驻华大使詹森说：“滇缅公路工程浩大，全赖沿途人民的艰苦耐劳精神，这种精神是世界任何民族所不及的。”英国《泰晤士报》也称赞说：“只有中国人才能在这样短的时间内做得到。”

在抗日战争时期，这条关乎中华民族生存的生命线，对中国争取外援，完成援华物资的输入，支援中国人民，加强中国军力，支持国民党政府坚持抗日，起到了特殊作用。在中国西南交通史上，最恢宏、最巨大、最悲壮的贡献便是修筑滇缅公路，滇缅公路一时成为举世瞩目的地理坐标，被外界誉为“炸不断的滇缅路”，并把它称为“中华第一路”和“国际大通道”。

滇缅铁路

从清华洞往弥渡方向两公里处，有一个“滇缅铁路遗址”的纪念碑，由“滇缅铁路纪念碑”“驼峰石”“驼峰石景观”和“仿制铁路段”四部分组成，从这里就走进了滇缅铁路，走进了一段被岁月尘封了的历史，走进了一部悲壮的抗战史诗。

一段路基一个故事，一座遗址一座丰碑。“滇缅铁路纪念碑”记载：“19 世纪末，英国企图从缅甸筑路入滇。20 世纪初，孙中山先生提出建设滇缅铁路打通国际通道的夙愿。1939 年，云南派出铁路勘测队对祥云清华洞到孟定段进行勘测。1937 年 8 月，为抗战需要，云南省主席龙云提出修筑滇缅公路和滇缅铁路的建议得到采纳。1939 年 9 月，交通部成立滇缅铁路工程局并破土动工。路线东起昆明，西经安宁、禄丰、一平浪、广通、楚雄、姚安、祥云、弥渡、南涧、云县、孟定等，直达中缅边界。长约九百公里，连通缅甸密支那铁路腊戍站。1942 年，经三十余万人三年多的浴血奋战，滇缅铁路路基基本完成。同年 5 月，日军从缅甸攻入云南境内，并占领了滇西部分地区。为了阻滞日军，已初具规模的滇缅铁路被国民政府下令破毁。六十多年来，这条浸透着云南人民汗水和血水的铁路遗迹，如今在祥临公路沿线还隐约可见，独自在群山中倾诉着一段未了心结。”

1938 年 10 月，为争取更多的国际军事物资的援助和加强抗战的军事力量，以龙云为首的云南省政府与蒋介石中央政府商议，决定新修一条由东段昆明至祥云县的清华洞，长 410 公里；西段由清华洞抵中缅边界术达，长 470 公里的米轨，拟连通缅甸密支那铁路线上腊戍站的滇缅铁路。

由于抗日战争形势日益危急，蒋介石下令征调滇西南三十余万民工和一部分从津浦、平汉等铁路撤退后方的工人筑路，以及从四面八方汇聚的大批铁路工程技术专家怀揣着“天下兴亡，匹夫有责”的爱国热忱，战斗在横断山脉两侧，进行着世界铁路史上最艰

滇缅铁路遗址纪念标

巨的建设工程。民工们日夜赶工，在地形复杂、经费不足、粮食困难、缺乏机械化设备的艰难条件下顽强地拼搏，逢山开路，遇水搭桥，砍开毒蛇猛兽出没的原始森林，用肩挑手挖，一寸一寸地挖开大山，一寸一寸地延伸路基，以改变敌人对中国的封锁所带来的困难，那份艰难和悲惨是局外人难以想象的。

1941 年 4 月，昆明至安宁铁路铺筑通车。至 1942 年，穿越横断山脉纵谷和澜沧江、南汀河等地的滇缅铁路路基基本成形，枕木已砍好，只待铺轨。然而，由于中英军队在缅甸战场的接连失利，1942 年 3 月，中国“远征军”援缅失败，日军侵占了缅甸，随后又攻陷了滇西重镇腾冲、龙陵、畹町等地，直接威胁到整个滇省西部，整个抗战的大后方已危在

旦夕。国民党政府害怕敌人利用这条即将铺轨的滇缅铁路和已基本通汽车的公路进入云南，5月16日，当局只得忍痛将该路西段已修好的路基、桥墩、涵洞等基础工程破毁，本来可以发挥巨大作用的救国大通道——滇缅铁路滇西部分的路基工程，在一片爆破声中化为烟尘，使这些凝结着中华民族血汗的辛劳成果功亏一篑，叫几十万流血流汗的各族人民痛心不已，最终成为历史的悲剧。

抗战胜利后，滇缅公路已恢复通车，滇缅铁路失去了作为国际通道的战略意义，已无修建的必要，整个工程半途而废。

祥云县是滇缅铁路的必经之地，村口、河边、山上的很多地方都留下了深深的凹槽路基和巍巍站立的土方桩遗迹，云南人用血肉筑起的“滇缅铁路”，从规划到局部建成，不但经历了曲折坎坷的过程，而且和近代中华民族的命运紧密相连，虽然它从来没有发挥过应有的作用，但它依然举世闻名。残破隧道、桥墩和依稀可见的路基遗址，在人们的视线中逐渐模糊了，在地图上更无法找到，但它的灵魂并未消逝，它记录着数万全国最优秀的铁路工程技术人

当年的输油管道

员齐聚云南，数十万云南各族人民付出的巨大代价，凝聚着滇西南各族人民的心血和汗水，是中国人民在国家危亡关头，自强不息、奋起抗争的真实写照，是弘扬爱国主义精神、民族大团结精神的好教材，是增强中华民族自信心、自豪感和“实现中华民族伟大复兴”的正气歌，也是一笔中国乃至世界重要的遗产和永恒的精神财富。

彭荆风在《滇缅铁路祭》的“自序”中写道：“我接触了这一历史事件的片断，深感惊讶、震撼，也为之长久叹息，这被埋没的不仅是一条能创造物质财富的铁路，而且是90万铁路员工以及从各方面支持这一伟大工程的千百万人民，为了抗日战争的胜利所迸发出的精神力量！”他用“惊讶”“震撼”“长久叹息”“伟大工程”“千百万人民”和“历史壮举”这样的词语来评价滇缅铁路的重大历史意义及其价值和地位。

壮烈的滇缅铁路是一部悲壮的关于路的历史，一项胎死腹中的伟大工程，一段永难消逝的铁路情结，是不朽的民族魂灵。

中印输油管

掀开历史的尘封，倾听从印度加尔各答码头到达中国西部的中印输油管的诉说。中印输油管没有民用的色彩，完全是中日战争的军事工程杰作。它似一条巨蟒，卧于中印公路之侧，盘旋于崇山峻岭之间，从畹町进入中国，伴着滇缅公路向昆明延伸。

1937年“七七事变”后，日本开启全面侵华战

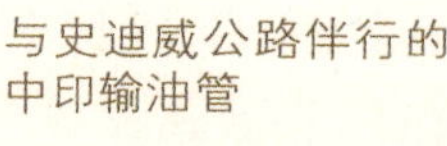

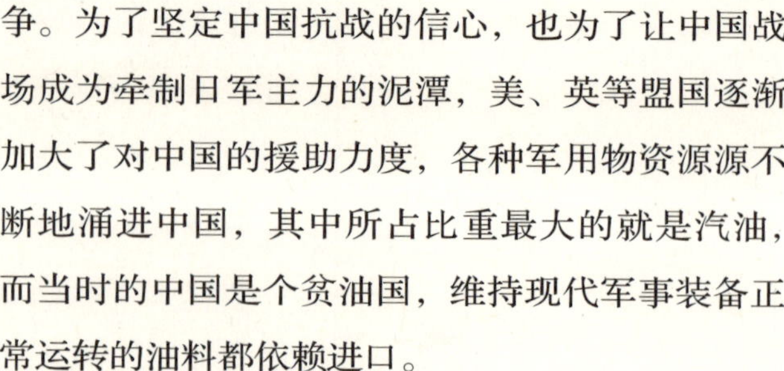

争。为了坚定中国抗战的信心，也为了让中国战场成为牵制日军主力的泥潭，美、英等盟国逐渐加大了对中国的援助力度，各种军用物资源源不断地涌进中国，其中所占比重最大的就是汽油，而当时的中国是个贫油国，维持现代军事装备正常运转的油料都依赖进口。

1938 年，滇缅公路建成通车，路上来来往往车辆运输的大多是油料，尽管成本甚高，运输车辆途中耗油量可观，但为了前线不断油，以“南侨机工”为骨干的司机们义无反顾地奔波在这条险象环生、危机四伏的公路上。

1942 年，日军从泰国暹罗攻入缅甸，击败入缅作战的中国远征军和以英国军队为主的盟军，继而横扫中缅边境地区，滇缅公路因此中断。中国本来就不多的汽车，因缺乏油料而处于“瘫痪”，甚至被迫改用酒精、木炭和煤炭……这些替代燃料无法跟油料比，汽车跑不起来，机件损坏也相当严重，运输能力锐减。

与史迪威公路伴行的中印输油管

为了维持中国的军需供应，中美联合开辟了空中走廊——“驼峰航线”，用飞机向中国运输油料等军用物资。然而，“驼峰航线”的运输成本更加高昂。西南抗战史学家胡文义在《中印油管》中描述：“自川西空军基地起飞轰炸日本的重型轰炸机‘空中堡垒’，因缺乏足够的储备汽油，难以随时出击。轰炸日本的飞机用油，须先从印度运到四川西昌，运输机从印度起飞时，油舱已装满，减去来回自身消耗后，汽油只剩下 20% 至 30%，一架飞机要往返印度一星期才能运来够一架‘空中堡垒’轰炸日本一次之用油……”此时，

中国劳工在云南驿修建油管时的情景

一个悲怆的口号喊出："一滴汽油一滴血！"军用汽油也被刻意调成了血红色。

随着战事不断扩大，各参战盟国都强烈地意识到，为使中国战场成为牵制日军主力的泥潭，必须加大援华力度，其中所占比重最大的物资就是汽油，为降低从"驼峰航线"运输油料的高昂成本，急需开辟向中国供油的新渠道：以英、美苦心经营多年的印度为根据地，修建从印度到缅甸，再到中国滇西的中印公路。与此同时，以美国为首的盟国痛下决心，不惜人力、物力、财力，沿公路走向铺设便捷的输油管道，彻底解决中国战区油料不足的难题。

1943 年 8 月，中美英三国在加拿大魁北克开会决定：美国出资，中印缅出力，铺设从印度加尔各答沿中印公路经汀江、雷多、密支那、八莫、畹町至中国昆明的输油管道。当年 10 月，管线建设动工，来自中、美、缅、印等国的工程师、工兵、劳工带着抗战的热情，在 3000 公里的漫长线路上，抛洒汗水，争分夺秒，开始用油管联结被封锁的中国、用油泵去照亮苦难中的中国。这条输油管的修建，堪称艰苦卓绝的"丛林会战"。尤其是 1944 年 5 月，缅甸新平洋和丁加克之间，工兵要抢在雨季到来前通过 13 英里的沼泽地。因为白天中印公路要运输大量一线军用物资，修设管线的部队

只能晚上运送油管，工兵和劳工把油管放到卡车上慢慢通过桥梁，然后扛在肩上蹚过齐腰的泥水，在小船上对接管道，再沉入沼泽……

中国境内输油管道同时开工建设，第一期由保山到云南驿，经境内云龙、永平、漾濞、凤仪、祥云等地，过境长300公里，征用民工六万多名，设抽油站15处，抽油机三十余台，在龙陵、祥云、保山机场、草坝等地都设有加油站；第二期由祥云至昆明，全长亦三百多公里，征用民工约4.5万名。中国劳工在机械严重短缺的情况下，几乎纯粹靠手工铺设，他们吃苦耐劳的精神，给美国技术人员留下了极为深刻的印象。

重庆牟之先教授研究史迪威公路之后，在《史迪威公路》一书中记载："在无水、无盐、无蔬菜的生活条件下，美方人员吃罐头，中国职工吃粑粑、饭团。油管铺至森林地带，先以刀斧开路，驱走毒蛇猛兽。在距村庄和公路较远的地方，夜晚不能回宿，美方人员建起帐篷，中国职工烤火度过寒夜，次日仍精力旺盛地积极工作。"奋战在油管铺设工地的劳工，美国工兵的工作量是100万个人工日，中国、缅甸、印度劳工的工作量也是100万个人工日。

中印公路通车后，中印输油管也随之接通，1945年4月9日，第一批油料通过输油管运抵中美在中国昆明的基地，比计划提前了6天。石油源源输送至中国战场。5月5日，在华的美军供应部司令戚夫士少将，与印缅战区美军司令柯维尔少将发表联合声明，宣告中印油管全部完工。这条输油管道是世界上最长的到达中国的输油管道，全线共设置35个抽油站，50个储油池，总长超过3218公里，全线使用油管总重量超过50万吨。

中印油管堪称第二次世界大战最伟大的军事工程之一。据战后国民政府行政院编纂的《十五年交通概况》一书统计："自1945年4月起，每月由中印油管输入我国的油料为18000吨，每天平均约输入600吨。截至当年11月停止输油，7个月输入汽油、柴油、润滑油等油料约10万吨。相当于滇缅公路用汽车运油一年半的数量，较之飞机空运之油量更为巨大。"

管线正式供油后，通过这条军事输油管的汽油滚滚而来，直接从印度的加尔各答码头到达中国西部基地的士兵手里。中国汽车运输迅速恢复了

中印油管末端

元气，一度萧条冷清的西南公路，重新奔涌着各式满载物资与人员的车辆。云南五十多个军用机场上，“飞虎队”的战鹰频繁起降。

1945 年 8 月 15 日，日本宣布无条件投降。美国以战争结束、中印油管任务完成为由，停止供油。蒋介石和国民政府心有不甘，调动当时美国在中国开办的三家企业，亚细亚、美孚、德士古联手向美国政府提出“租用”中印油管，但美国政府坚持原来的供油政策，拒绝开通中印油管。一条因战争而生的油管，在工作仅仅七个月后，因战争的结束而骤然停用。但中印输油管的重要作用没有被历史忽略，在紧急关头激活了盟军的战斗力，是盟军最终在亚洲大陆打败日本侵略军的决定性因素之一。它有效地保障了中印缅战区和其他战场的用油需要，加速了战斗胜利的进程。

那时的马帮，那时的路

夕照下的云南驿，古道两旁，一爿爿马店，敞开着大门，迎进南来北往的马帮。云南驿雍容、繁忙，敞开着胸怀，包容着南北商帮。马锅头们卸下马驮后，栓好马喂着草料，酒足饭饱之余，悠闲地抽上一支烟，洗上徒弟们伺候的热水脚，把当晚夜宿的事情安排妥当之后，吹着口哨，出马店大门而去，有的去叙旧，有的去喝酒，有的去找相好的女人……

明末清初的云南驿，夕阳西照，无数队马帮从遥远的地方汇聚在云南驿，住宿一夜，然后在第二天清晨又匆匆离开了它，向着更遥远的地方跋涉。

在明清以前，云南驿除了作为地方各级行政机关驻地以外，还有另外一个重要的身份，那就是驿站。“靖安宅里当窗柳，望驿台前扑地花。两处春光同日尽，居人思客客思家。”（唐·白居易《望驿台》）据说这是白居易应和好朋友元稹的诗。二人在唐贞元十九年（803 年）同登制科，俱授秘书省校书郎，始相识并订交，“谊同金石，爱等弟兄。”唐元和四年（809 年）三月七日，元稹以监察御史身份出使东川按狱，往来鞍马间，写下一组总题为《使东川》的绝句。不久之后，正在长安任左拾遗和翰林学士的白居易写了总题为《酬和元九东川路诗十二首》的和诗，并题词说：“十二篇皆因新境追忆旧事，不能一一曲叙，但随而和之，

古驿道

1

惟予与元知之耳。”《望驿台》是其中的第11首。原诗题下注：“三月三十日。”

元稹《望驿台》云：“可怜三月三旬足，怅望江边望驿台。料得孟光今日语，不曾春尽不归来！”“孟光”指诗人的妻子韦丛。这是元稹在三月的最后一天为思念妻子而作。结句“不曾春尽不归来”，是诗人的悬揣之词，料想妻子以春尽为期，待他重聚，而现在竟无法实现，怅惘之情宛然在目。这里写尽了诗人在驿站与妻、友的离愁别绪，令人唏嘘不已。

驿站，简单讲是古代接待传递公文的差役和来访官员途中休息、换马的处所，以后功能逐步有所扩展。到了元朝，由于疆域辽阔，发展交通，强化了驿站制度，这也成为其巩固政权的重要手段。驿站在我国古代运输中有着重要的地位和作用，在通信手段十分原始的情况下，驿站担负着各种政治、经济、文化、军事等方面的信息传递任务，在一定程度上也是物流信息的一部分。

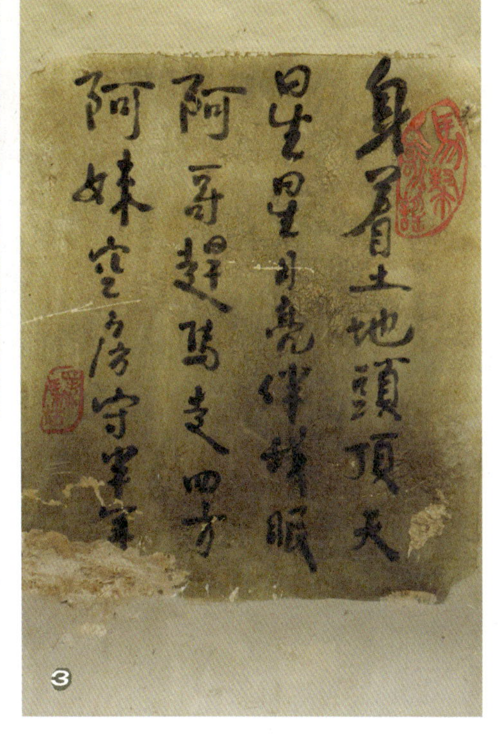

我国古代驿站各朝代虽形式有别、名称有异，但是其组织严密、等级分明、手续完备是相近的。封建君主就是依靠这些驿站维持着信息采集、指令发布与反馈，以达到封建统治的目标。

当时的云南驿，就担负着内地和西南边疆各地的政务、军事等信息传输纽带的重任。遥想在那个年代，一骑朝廷从内地飞奔而来的驿官，在这里停下来歇息，他需要补充食物、水等给养，还需要更换一匹能坚持前行的马，或是在这里把朝廷的重要文件交接给下一位驿官，让朝廷的声音随着驿站传向更远的大地和它的臣民。

明朝以后，云南县的驻地被迁往距离云南驿 20 公里以西的“洱海卫”城，就是今天的祥云城。云南驿又变更了自己

❶ 古道记忆
❷ 云南驿遗韵
❸ 赶马调

的身份，专司茶马古道上的驿站，给驿马添添草料，给马锅头提供食宿和欢娱的去处，给那些长久游离在故乡之外的灵魂提供一个温暖的栖居之所。

据记载，清代的云南驿成为茶马古道上最重要、最繁华的集散地。每天从云南驿经过的马帮几十起，大的马帮有三百多匹马，最小的马帮也有五六匹马。这些东来西往的马帮往东驮运皮革和药材，往西驮运茶叶、布匹、食盐和百货等。云南驿当时有二十多家马店，最大的可接待三百多匹马，一天供给几千斤草料。这些马店主要分布在古驿道的东西两端，而在古驿道的中间商铺林立，大多是为过往马帮置办各种货物。据记载，清代林则徐到云南处理大理杜文秀起义之事时，就住在云南驿。

现在的云南驿古驿道就是一条青石板路，从村子东边开始，穿云南驿村正中，呈缓坡慢慢抬高到达西村口，总长1720多米。道路是用纹理细密的青石块铺砌而成，宽丈余，直接铺砌到两边房屋

马店

雨中古道

马铃声响马帮来

门前或者檐下墙根。正中间用较大的方整石块铺垫，连缀成驿道中轴线，中间的石块被称为“引马石”。驿道两边民居商铺林立，鳞次栉比，古驿道既是路，又是街巷。

千百年来，经过脚底踩磨和霜浸雨打，所有的石面已经变得十分平滑，在阳光下或月晖里反射着青色的光泽。尤其是在夕阳西下时，光线对映到两边长满苍苔的古式房屋上，一个个曾经的商铺，一座座马槽、石槽、拴马桩、客栈招牌，一爿爿曾经马嘶人闹的马店，映照着石板上深浅不一的马蹄印迹，愈发显出一分沧桑遥远，思绪情不自禁地穿越时空，回到那流逝远去的岁月里，回到漫长时光里一个重要驿站、一个物资重要集散地曾经所特有的氛围里。

云南驿钱家马店第六代掌柜钱家定回忆说：“那是让人难忘的日子。傍晚，伴随着落日的余晖，一队队马帮在叮当作响的马铃

马锅头

声中进驻这座古老的驿站。天还未黑，客房就住满了南来北往的赶马人，他们虽然已经在崎岖的山路上跋涉了一整天，仍饶有兴致地聚集在一起，一面喝着香喷喷的烤茶，一面吹嘘着各自在路上的见闻和奇遇，奔走了一天的骡马大口大口地吞嚼着草料，不时地打着响鼻……”

今夜的云南驿古道，空空荡荡。两只经年未开的门环，犹如月光之下清冷的斧头……

迎着次日微曦的黎明曙光，在一片吆喝声中，一批批驮着各种物资的马队从云南驿启程，又匆匆奔向远方。

如今，走进云南县的千年古道深处，就走进了那些古老的故事里。轻轻挥动衣袖，在斑驳的时光中，一遍遍触摸青石板上的叹息。寂静古道通向无尽远方。风从远古吹来，时光定格成永恒。春草又一次染绿东风，染绿云南驿古道上的古井、残垣。

昔年的主人杳无踪迹，往日的繁华也已随风散去。只有云南驿古道上这芊芊绿草，年复一年点染着废园中的些许绿意，若有所思，若有所系。发亮的青石板默然无语，像是思索着当年的繁华，哀叹着今天的冷清。

驿道不远处草色入帘青，似有盈盈珠泪欲滴。待要细细寻觅演绎，却又迷离在满地的烟雨中，如梦如幻地飘残。随着历史变迁，岁月流逝，昔日的云南县，繁华不再，从大众视野中淡出了。这个“彩云南现”的地方，这个当年封疆大吏驻守的通关要隘，逐渐成了一条乡间公路旁一个普普通通的小村庄，残旧的马店、客栈无语对立，

只留下每一个有着朦胧月光的夜晚，青石板路上深深的马蹄印，守望着古道千年的文明碎片，在月光下静静呓语。

云南驿，行人与你在一阕宋词里相遇。此时，月白，风清。一袭青衫、一双布鞋踏过古道清冷的石板路；此时，秋风渐起，长衫摇曳处，与一墙一瓦构成一帧诗意的水墨风景。古道上每一块清冷的石板，都在喃喃诉说着一段往事。每一个或浅或深的马蹄印，或许都承载着一个个凄美的传奇。

明月高悬。摊开手掌，月光如指间沙悄悄溜走。一个人在白墙黑瓦间走得太久，才会让脚步在睡梦里停留。一个人在幽深古道里走得太久，才会让跫音在记忆中停留。

走进云南驿古道，就走进了小巷深处古老的故事里。轻轻挥动衣袖，在斑驳的时光中，一遍遍触摸青石板上的叹息。云南驿，你为谁绵延千年守望？你是不是在等待一个最美的季节，等待一个久违的声音，等待着一场凄美的相遇？

几十年前，诗人邵燕祥走过云南驿古道时，写下了一首名叫《云南驿怀古》的诗歌：

我是历史，奔跑在古驿道上，
多少星霜。天天践着晨霜上路，
直跑到西山山影落在东山上。
清冷的星斗筛进马槽，
秦时明月汉时关，历尽兴亡。
奔跑过多少烽台堠望，
驿站荒凉。荆棘蔓草
长满了当日的迷宫阿房。
我叩问人民；秦嬴政
怕不如一曲民歌寿命长。
驿道上，也曾有鲜荔枝飞驰而往，
红尘飞扬。百姓长年陷身于水火，
而华清池四季温汤。
李隆基，永远是如此行色仓皇，
你早年曾是个有为的君王。
漏夜奔忙。说什么关山难越悲失路，
负重致远的才是民族的脊梁。
从来草野高于庙堂，
莽苍苍，一万里关山风起云扬。

此时驿站已经荒凉，荆棘蔓草长满昔日画栋雕梁的院子。昔日的繁华，今日的冷清，对比竟是如此强烈。青石板驿道上，马蹄哒哒，过客匆忙，也许曾有鲜荔枝飞驰而往，红尘飞扬。萍水相逢，竟是他乡之客。诗人邵燕祥深一脚、浅一脚地走着，满腹惆怅，消瘦的背影渐渐远去。

古道一隅，似乎有一老者在温一壶月光。月光越来越冷，老者拉着咿咿呀呀的二胡唱道：

陋室空堂，当年笏满床；
衰草枯杨，曾为歌舞场；
蛛丝儿结满雕梁，绿纱今又在篷窗上。
说什么脂正浓、粉正香，如何两鬓又成霜？
昨日黄土陇头埋白骨，今宵红绡帐底卧鸳鸯。
……

古驿道青石板又恢复了一贯的静寂。依然是无声的月光，依然是无声的沁凉。寒蝉在月夜里长鸣。

古道望不到尽头，长亭连短亭。

曾经的繁华与喧闹已不见。只有被无数马蹄一遍遍踩踏过的、至今仍光滑圆溜的石板路，深深浅浅地延伸向未知的远方，仿佛在诉说着那些商贾云集、马帮往来的驿道旧事。

此时，风依然寂寂，过去的和即将到来的故事在云南驿的茶马古道上缓缓而行，一切该继续的仍在继续。

马蹄声里，一曲关于汉武帝彩云南现梦的千年传说，演绎着云南驿沧桑古道的《千年传奇》渐渐响起——

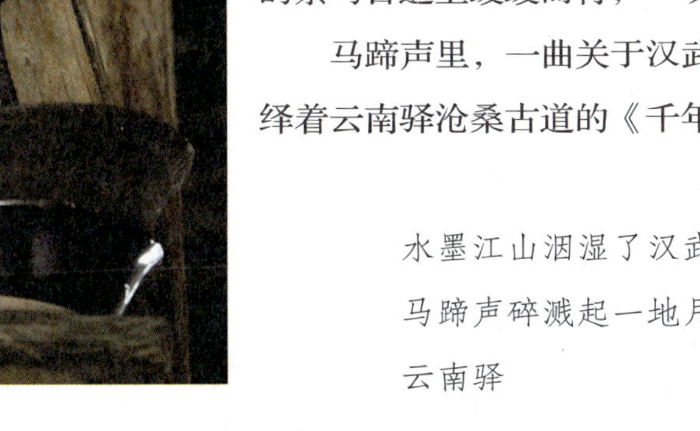

水墨江山洇湿了汉武梦境
马蹄声碎溅起一地月色
云南驿

小蛮腰上翠袖殷勤
长长古道通向哪里

汉习楼船膨胀了汉武野心
珠帘画栋倒映着凄美传奇
云南驿
赶马汉子头枕清霜
悠悠古道通向哪里

云南驿，云南驿
几杵疏钟里
断碣残碑轻轻诉说着
飞虎队曾经的英雄事迹

云南驿，云南驿
苍烟落照里
青石板上的马蹄印
是历史铭刻的不朽传奇

马蹄声声

第二章

南诏大理国皇家禅林水目山

明崇祯十一年（1638年）十二月十七日，徐霞客来到了水目山。在游记中，他记述：“十七日昧爽饭。询水目寺在其南，遂由岐随山之东麓南行，盘入其西南坞中。……山间茶花盛开。又二里余，为水目寺。……旧寺有井，有大香樟，有木犬，有风井，有塔。由其后上无影庵，饭于妙忍老僧静室。暮过观音阁，观《渊公碑》，乃天开十六年楚州赵祐撰者……”

水目山开创于南诏龙兴四年（唐元和八年，813年），因开山祖师普济庆光禅师“锡杖涌泉”而得名。登山远望，群峰秀色蜿蜒，主峰山势嵯峨，古树参天，依山建有九庵十八寺，现有水目寺、普贤寺、宝华寺等，有佛教塔林、“寺抱塔”奇观、佛门肉身“舍利子”。当时光流逝，繁华如梦，她所承载的历史、文化内涵、人文沉淀等逐渐变得清晰、坚强、深刻。

尘封千年的皇家禅林

尘封千年的水目山佛教寺院，历经风风雨雨，护佑着每一个渺小而又平凡的生命。南诏大理国的皇家禅林，滇西名僧“水目七祖”（普济、净妙、皎渊等），被称为诗书画“三圣”的担当（普荷），近十位大理国国主在水目寺受戒出家，保存完好的禅师墓塔，历经千年的唐代茶花，四百多年的明代月季，极盛时期的香火……这一切，都是人们来到这里的理由，让世人不由自主地踏上这座神秘的禅寺。

水目寻佛

驱车从山脚的村庄出发，经过盘山公路蜿蜒而上，绿色堆积越来越稠密，空气越来越清新。到达半山腰，一座千年古刹豁然向你展开普度众生的怀抱——不由地诧异：这就是闻名遐迩的水目山？

站在九龙壁前，一帧水墨山水卷轴，在眼前徐徐展开：群峰绵延，山色葱茏，高天之上，一朵祥云追逐着另一朵祥云。

时光倒退千年，定格成那棵唐代就站在这里的山茶。那季节，所有的花都开得正艳。她们悄悄地来到，又悄悄地离去。质本洁来还洁去，生命枯萎，灵魂永存。

水目山上担当大师的诗句还留有清香：“冷艳争春喜灿然，山茶按谱甲于滇。树头万朵齐吞火，残雪烧红半个天。”

古树婆娑，山茶花摇曳着清影，她们是在追溯着自己远逝的

梦吗？

日影移动，许多花静静地开了，许多花又默默地飘落。真情独立枝头，花香一寸寸深入骨髓，枝头上那朵花喃喃地讲述着水目山的兴盛和衰微——

南诏龙兴四年（唐元和八年，813 年），南诏国王劝龙晟下旨委派一代高僧普济庆光到彩云南现福地的宝华山开山建寺。普济领旨到此一看，宝华山山势嵯峨绵亘，林木幽秀，万山如拱。前则平原浩瀚，后则群峰削成，重碧璇题，上凌霄汉。左有云南驿象山，卫俯回顾；右有天华狮山，护伏频呻。远远望去，犹如一尊弥勒大佛跏趺原野，云蒸霞蔚，气象万千。普济大喜道：“是我佛之灵山也。”但是四处一走，却发现宝华山缺水，无法建寺。

晨曦

山门

普济禅师回朝禀报后，劝龙晟国王赐普济锡杖一根，普济再次回到宝华山。当他走到半山腰，周围已是林木葱茏，但还是不见水，便喟然长叹道："此地应出水，何以无泉。苍天呐，你真的无眼吗？"说罢，普济情不自禁地举起锡杖朝地上一戳，遂在锡杖下跏趺而坐，念起经来。天色已晚，普济起身下山求宿。第二天早上，他回到昨日到过的那棵树下，漫不经心地拔出戳锡杖的地方，竟然流出了汩汩清泉，普济大喜，即刻回朝禀报，宣布开山建寺。宝华山的泉水就如水的眼睛，因此改名为"水目山"。

水目山曾一度是南诏大理国时期的皇家禅林、云南禅宗第一寺、佛教文化第一山，佛教活动比鸡足山早700年，比崇圣寺早11年。南诏大理国时期，相继有段氏国公仁懿太后之父、天子之外祖高氏净妙澄禅师与侄子皎渊智玄禅师和近十位大理国王在水目山削发为僧，使水目山佛教盛极一时，一度成为川滇地区佛教文化的传播中心，呈现出“万众皈依，千衲绕围，从者如云”的空前盛况，水目山由此成为声名远播、高僧云集的名山法地。

水目山上，流传着水目三祖皎渊禅师与大理国公主段婷婷的千古爱情绝唱，感天动地。皎渊禅师，俗名高成宗，出身显赫，父亲是大理国宰相高量成，母亲是大理国国王段智兴之女，高成宗自小表现出过人的才智，清高自傲，少年时“英姿卓茂，气韵清远”，受国风和家族崇佛的影响，遍读史籍和佛教经典。高成宗与公主段婷婷从小青梅竹马，但因政治斗争，段氏国王反对这桩恋情，加上高成宗厌恶权贵之争，从小就视功名利禄为粪土，早有出家之心，于是到水目山出家为僧。

当高成宗痛苦地转身，准备离去，目下是同样痛楚的子民。“孩子，你若皈依佛门，三公主将如何？”母亲从人群中挤到高成宗面前，诘问道：“你这样轻率地离开大理国遁隐佛门，你又怎么对得起你的父亲？”

高成宗跪下来，此刻他已走下欲望的楼台，接近佛的冷静，高成宗微微抬起头，说：“三公主是吾之至爱，然吾以国家之安最为重矣！”

国家！因为无休止的纷争只能带来内伤，与其这样，不如那样。这样是什么呢？是纷争开始之后可能出现的倾轧，而灾难却带给了子民。那样呢？离开黄金的通道，抵达精神的圣殿，做一次人生的攀登。

高成宗到了水目山后，天各一方的悲楚扰乱了段婷婷的内心，因爱而生的痛苦并没有丝毫削减，因距离而产生的思念并没有随流逝的岁月飘飞。婷婷公主一往情深，随后也出家为尼，却终因相思成疾而香消玉殒。

段王爷算是慈悲父皇，命人保存好三公主的舍利，还请了国画大师张胜温，为三公主设计绘制墓塔。沮丧的父皇娓娓道来公主小时候的快乐，公主生前的画面，又再次浮起，让他不胜悲伤。画师张胜温被三公主和皎渊禅师之事深深感动，精心设计亭阁式塔（即三公主的墓塔），并把这个亭阁塔画入自己的画卷中。

皎渊禅师修成正果圆寂后，葬于水目寺北岗塔林。大理国皇室请来了能工巧匠在皎渊禅师寿塔南面建亭阁塔，葬下公主舍利。然后，又命楚州大学士赵佑撰《渊公碑》。

❶ 亭阁塔

❷ 唐代茶花

明崇祯十一年（1638 年）十二月十七日，徐霞客上水目山，无意间读到陈列在观音阁的《渊公碑》，触景生情，不胜感动，据说他对随行人担当说了一句话，也有怜香惜玉的意思。观音阁后遇火灾，1988 年开挖出来时，《渊公碑》只有残片，让考古人员惊慌失措的不是碑上的内容，而是苍劲的笔锋下，竟有隐隐约约的血红。

花香袅袅，遍地芳菲。莽苍间，听梵音唱晚，暗了寺角飞檐；佛音低绕，空灵澄澈。此刻，佛光乍现，祥云荟萃，一只鸟在自由翻飞……

水目山群峰叠翠，连绵百里，古树参天，古刹巍峨，佛塔成林，名碑矗立。对山遥睹，巍然弥勒跏趺；近瞻原野，宛若宝莲千叶。水目诸景中，有远近闻名的唐代大山茶花树“九蕊十八瓣”、明朝的“月季王”、宝华寺的“铁树开花”、规模宏大的塔林、独具特色的木犬殿、寺抱塔奇观等。

水目山本来是一座极普通的山，有石虽怪异，但不奇丽；有树虽伟岸，但不苍劲；有水，只浮得起秋叶，承不住月色。

而当普济庆光禅师用禅杖凿地，连大师也惊喜交集，有泉涌出，那甘洌的泉水，是奔赴即将被旱情吞噬的青山而来的。没有水，放生的鱼又如何找到出路？素净的莲花又如何盛开？泉水升起来，在接近月光的高度，荡漾着日月星辰。

正是因为有了水，水目山才能佛性拈花，到达神明的境界。

水目寺

踏入宁静的水目寺，让人惊奇地发现一种文化的蕴藏，一种精神的对接。水目寺的兴衰、历史、传说、故事、佛教文化，影响着千万众生。

进入水目寺，得从 1300 多年前的唐代开始说起。

水目山原名宝华山，因有“锡杖涌泉”之说，改称“水目山”。据现存《水目寺碑铭》记载，南诏龙兴四年（唐元和八年，公元 813 年），普济庆光禅师到水目山开山建寺，水目寺是最早建的禅寺。清康熙九年（1670 年），督理云南通省清军民屯粮储兼管水利道按察司副使李元阳撰《水目寺诸祖缘起碑记》，载：“唐宪宗元和八年为诸大臣请建此刹，师以杖之而涌泉清莹，因名水目，复制木犬，凡凡山中麻砦，皆辄吠之。开堂日有虎龙出现于堂前。法席即盛，衲子千余，六诏诸王，咸来问道。弄栋都督府迎于姚州，开兴宝、妙光二寺，未几，复归水目。寂，蒙氏谥为‘普济庆光禅师’，铸金像以奉之，至今存焉。”

水目山是云南开创较早的佛教圣地之一，经过多次整修扩建，到明末清初时达到鼎盛，修建起规模宏大的梵刹寺宇建筑群。据史料记载，那时依山就势建有三大庵，分八寺、三阁、九小庵。特别是当时水目山与南京及江南一带的佛教寺院南北呼应，禅律并举行大规模的传戒活动，更是让水目山成为声名远播、高僧云集的名山法地。远至西藏喇嘛，近至邻县僧尼多到此受戒，每年都有来自弥渡、蒙化、凤仪、宾川、镇南的信徒前来朝山。

水目寺是南诏大理国时期崛起的皇家寺院。从普济庆光禅师上山建宝华寺起，到宋熙宗七年大理国孝德皇帝段思廉出家无为寺，再上水目山建八大寺，国公仁懿太后之父净妙、护法公高量成之子皎渊及工匠都养阿标头陀上水目山添砖加瓦，到明清时期的高僧持续修建，先后依山建起了水目寺、宝华寺、灵光寺、地藏寺、金龙寺、大觉寺、普贤寺、塔盘寺、倒影寺、经板阁、玉皇阁、观音阁、三教阁、无影庵、戒月静室……

现在，除了保存下来的水目寺、普贤寺、宝华寺和塔盘寺、灵光寺、经板阁、观音阁、玉皇阁、三教阁的遗址已经

❶ 水目钟声

❷ 常住寺

发现外，其余建筑都已湮没在悠悠岁月的莽莽林海深处。

水目寺俗称“下庵”，也称“常住寺”，是水目山至今保存较为完整且规模较大的佛教禅院，也是香火一直很旺的寺院。全寺一进三院、坐西向东，占地面积约 7500 多平方米。沿山坡由下至上是山门、塔院、前殿、大雄宝殿，南北两侧又配以僧房、香积厨、斋堂、职事室、茶室、云会堂等。

山门前有宽阔的“九龙壁”石阶，逐级而上，“水目胜景”的石坊赫然眼前，然后是稍狭窄的甬道垂直而上。山门单檐歇山顶，通面阔三间，室内两侧原塑四大天王像，故又称天王殿。紧靠天王殿北面有一小院，由一主殿和一配殿组成。主殿坐西向东，称土主殿，配殿坐南朝北，里面供奉着

普济庆光禅师开山时有“神力”而守护建寺材料的“木犬”。

“寺抱塔”塔院为水目寺的第一院，院正中为塔基，方形，盘塔之寺已毁，只留下塔基之上耸立的被公布为国家级文物保护单位的“水目寺塔”，相传是为高僧皎渊法师而建。穿过塔下的院落往上，是两厢修葺过的第二院，左边是为驻寺和香客提供的斋房，右边是香火房。前殿为重檐歇山顶楼阁式建筑，下层七间，上层五间，殿内正面塑有弥勒大佛，有对联：“开口常笑笑天下可笑之人，大肚能容容天下难容之事。”背塑韦陀，两侧山墙墙面有墨书楹联及彩画。

第三院正殿为大雄宝殿，按皇家寺院七开间的规格建立，抬梁式结构，殿内正面塑有三世佛像。殿门两侧有孙太初撰书对联：“天遣名山自蒙段以还曾出佛产祖宗风大阐；寺多灵迹历沧桑而后来访碑寻碣夙愿终尝。”另有后人撰：“踏遍名山，芒鞋仍到云南驿；饱经世味，杖锡绕成水目缘。”

大殿两侧厢房，均为单檐歇山顶二层楼房。院中有两棵明代月季，花枝盘虬，季季盛开，粉白相间，别有趣味。穿过右侧中堂为后院，环境极为清幽。左厢前侧门往南为香积厨、职事堂，左厢后侧大殿南为僧房、斋堂。

大殿前廊右侧有一小门通院外，沿着台阶往上，有一略平坦开阔之地，路旁有一眼枯井，“枯井取木”正是建寺时候最古老的传说。旁边是“风洞购物”，那是阿标头陀留下神奇故事的地方……

宝华寺和普贤寺

宝华寺是水目山上的一座大寺院，俗称“上庵”，占地面积五千多平方米，是水目山的历史辉煌点，是高僧无住应请主持水目山后而建，始建于明崇祯十二年（1639年），建寺年代稍晚，但自无住禅师在此设戒坛受戒传承之后，逐渐成为滇西禅宗的传布中心。

无住禅师携徒普登、普睿、普举、普愚到水目山，经数年辛劳建成宝华禅院，“三身大殿、琳宫朱宇，缀翠流丹，金相巍巍，神表晖映，依正庄严。”据《水目山诸祖缘起碑》碑记：“宗风大振，开堂十余，语录传世。”创戒坛传戒，禅律双修，以戒为本。自明崇祯到清道光年间已辉煌过两百余年，明末清初，云南著名僧侣如担当、梵山、悟桢、知空、非相、容光等，均在寺内受戒或开坛讲学，达到了“万众皈依，千衲绕围，从者如云”的盛况。在水目山建宝华禅寺这样宏大的工程，谈何容易！为了坚定自己的信心和决心，无住禅师下山，亲自到离水目山十里之外的汪旗营村，找到村里的铁匠，精心制作了一棵开花的铁树，立于水目山上，并

在树前立誓：无论有多艰难，都要像这棵铁树一样，在水目山开出花来，从此留下“铁树开花水目山”的美谈。后来宝华寺内出土过一朵锈迹斑斑的铁花，印证了当年无住禅师立志建寺和坚韧不拔的精神，功德无量。

宝华寺内还存有两棵唐代山茶花，枝繁叶茂，花色鲜艳。其中一棵高度已达十余米，花期刚好在春节期间，每年正月初八的庙会时节，整棵山茶树挂满花朵，红艳夺目，是水目寺里的靓丽美景。担当大师曾赋诗《咏茶花》：

冷艳争春喜灿然，
山茶按谱甲于滇。
树头万朵齐吞火，
残雪烧红半个天。

茶花经历了数百年，依然年年茂盛、岁岁开放，应该早已吸收了山水的灵气、日月的精华，盛开的花笃信着佛的旨意，是希冀化为佛前的一朵青莲吧？寺院外茂密的元江栲古树林直立，犹如千纳万众还在绕围皈依。在明清时期，水目山成为云南汉传禅宗佛教中心，历史上曾有“水目宏开，层层云山归足下；宝华普映，朵朵鲜花献佛前”的说法。

❶ 普贤寺
❷ 宝华寺

普贤寺俗称中庵，占地约 1200 平方米，始建于明嘉靖二十八年（1549 年）。普贤寺坐西向东，普济祖师开山时，先建大殿，后建前楼，再建禅室云堂，铸普贤金像供奉。大殿单檐歇山顶，殿内佛台塑有“千手观音像”，两侧塑有普贤像与文殊像。普贤寺有大殿、左右厢房及二耳房、僧舍、厨房等。普贤寺掩映在参天大树之间，清幽安静，曾藏书万册，众多文人雅

士前来借阅。寺前箐沟长满苍翠古林，在水目寺与普贤寺之间有灵光寺。

山上的每一棵树、每一朵花、每一片青瓦、每一块石板、每一座寺院，以及每一座寺院墙上的青藤，都透露着水目山上曾经有过的辉煌历史。

寺抱塔

塔仍然屹立，寺却只留几个柱脚桩，想象一下这“寺抱塔”的奇妙，再想象一下随风而起的钟声，怎样的梦才不会被叫醒？

“寺抱塔”其名为水目寺塔，建于宋嘉定七年（1214 年），也就是大理国天开十年，塔的四周原建有八角环形殿宇，把塔围住，塔尖从殿顶伸出，很是独特。后来塔殿被毁，仅留下塔基上的 48 个柱石墩座。水目寺塔为 15 级密檐式实心砖塔，四方形，高 18.16 米，从第七级起塔身逐次向上收缩。塔刹由铜鼓莲花托葫芦体组成。塔身第一级东面有一道封闭式塔门，南面壁上有 23 幅彩色佛教绘画。

“寺抱塔”，谁设计出这一特殊的景观，当年诗人担当大师怀揣着月色，吟咏着“老衲笔尖无墨水，要从白云想鸿蒙”，转眼间，担当大师 32 年青灯黄卷的修行生涯就这样被松风与钟声掳去。48 个柱石墩座，是嵌在水目山的坐标，还是佛祖留下的谜？谁又见过“寺抱塔”的原样呢？

站在水目寺塔面前，仰望塔尖，夜夜有天籁做伴，铜鼓莲花葫芦，谁描上彩色的壁画，优美而神秘的线条，勾勒出芸芸众生的冥思与遐想，甚至是敬重与感恩。

传说，这座塔是为那放弃荣华富贵修炼自我的皎渊禅师而建。原来，苦难也可以是通天的阶梯，坎坷绝对可以作为圣洁心灵的催化剂，23 幅破碎的彩色绘画，演绎着大理国天开年间的那些法事。往事有些模糊，有些支离破碎，穿着百衲衣的住持，正在禀报月光如何

消瘦，那些夜夜的清风，又是如何吞噬此起彼伏的磷火？

“此地应出水，何以无泉，苍天哪，你真的无眼吗？”普济庆光禅师在仰天呼唤。

现在，水有了，那是来自远山之巅的清泉水，与放生池的鱼和睦共处。锡杖下跏趺而坐的智者，念着他的经书，天色向晚，他给一山夕辉超度。

晨曦里的雾和黄昏里飘落的叶，都是那么安静。除了朗诵的佛经，声声的木鱼，便是晚来的钟声。只是像水目寺这样的寺庙已不易见了，这样的庙宇，要去清净之处寻来。通常，都是小小的那一座，云高水黛，栖鸦疏落，却是安身的极佳地。若以佛法相论，是闹是静，全由心生。

天底下原本就没有悲欢离别，也无生死，都在个人感觉。当感觉也成了虚无时，便是进入了大境。生存在红尘俗世的人，都不可能进入这种境界，那是种对生命意义的超脱。若

寺抱塔

是进入，便是到另一个状态，生命的立足点就从这个顶点到达另一个顶点，最后告别的只是肉体和对物质的彻底超脱，这和追求无尽的膨胀欲望是相悖的。

其实佛教应该和哲学相近，佛法的哲理浩瀚而广阔，也是深邃莫测的。那是需要在虚空的清风中，百折不挠之后才能得来的心领神会。

佛教文化有一种内在的精神，就是对崇高境界的追求。文化是有层次、有高度的，高度的文化像水一样流向低处、影响低处。佛教的文化精神常常选择在山顶和山腰，就是在山脚也会一路迤逦而上，直到山巅。

人类本来以为可以凭借科技和理性，为自己开辟出长久幸福平安的道路，但事实上，在经济高度发展的现代社会却涌现出越来越多的难以解决的社会问题和环境问题，烤灼着人们的心灵，人类的心灵并没有因为理性追求和科技发达的存在而平静祥和起来。当人类向外掘求，寻找最终幸福的追求受挫之后，中国古代哲学静态的、向内掘求的人生智慧开始逐渐显现出它的光彩来。而广袤的佛家禅宗恰巧抓住了人们心灵的这种渴求，把寻找自性、开启清明的禅宗智慧融入如画的描绘之中，为在万丈红尘中空茫挣扎的万千灵魂洗涤着心灵的尘埃和负重，引导他们回归自性，融入“天人合一”的和谐境界。

清珠投于浊水，浊水不得不清；佛号放于乱心，乱心不得不佛。

当身处熙攘尘世心烦气躁时，来水目山洗一洗尘埃吧，坐在“寺抱塔”下，祛除凡俗杂念，静静聆听一曲清凉佛号，为疲惫而困惑的心灵洒上丝丝甘霖……

日出

明代砖窑

水目寺入口的山坡上，一字排开有三个明代砖窑遗址，砖窑因形状像馒头而称为“馒头窑”，是水目山上大规模修建寺院的最好见证。原模原样的摆放实际是一种追根溯源的展示：泥块怎样成为青砖，红尘如何变成红瓦。

水目山开山建寺之后，需要大量的砖瓦，那时候没有车舟替下繁重的体力活，禅师便把“因地制宜”理论实际运用到此。就地取土、和泥，做砖瓦坯子，放到窑里，封住各个窑门，禅师选择黄道吉日，在一个秋天的黄昏，一粒火光蹿进窑门，熊熊的大火滚滚升腾。

水目山的参天大树为了佛的指引，做出了牺牲，面对砖窑，烈焰撕毁原木的咆哮，大树倒下时惊起飞鸟，紫藤离开高枝落下叹息。佛家弟子们轮流在窑顶添柴，细密的烟幕通过窑顶上百个通到砖坯的孔，添柴的人循环地往各个孔里添炭。这样的时间通常是四

明代砖瓦窑遗址

至五天，之后，可以通过各个孔看到窑里砖坯的变化，烧到八九成的时候，砖在烈火的炙烤下晶莹剔透。

水目山上有水的“眼睛”。泥土是另一种形式的水。

抚摸着被砖窑回归泥土颜色的砖块，历经千年，依然有一种无法抵挡的温度，来自让灵魂开窍的炉火。仿佛那窑火还在燃烧，那些佛家弟子们，仍然在窑前窑后忙碌。

滚烫的时间，仍在运行，流年写在了砖窑上的，也只是不知人间忧戚的几抹苔藓。泥土在智慧的压制与自然之火的焙烧下，砌上了殿堂，遮挡着冬天凛冽的风，春天如花的梦。更多的砖块铺陈在寺院之间的路上，度着信众们沾满红尘的脚步。

开山祖师建立禅院的执着与功劳，没有所谓的功德碑，水目山更让世人增添了敬重，包含着开山祖师、佛家弟子与能工巧匠们的大德与善行。

开堂之日，南诏国内的六诏首领都来祝贺。

水目山发展到“和尚三千，尼姑八百”，信众们都会记住，那三个明代砖窑，烧制出了大雄宝殿的脊梁与砥柱。

枯井取木

枯井取木

从水目寺右侧的小门出去，沿台阶往上走，是通往经版阁的路，路边有一眼枯井，旁边立石碑“枯井取木”。厚实的砖块围砌井沿，砖已经长了苔藓，使砖纹更增加了立体感。探头往井里看，一根木桩深深扎在井里，这又是一个关于水目山建寺的传说。

相传一千多年前，普济庆光开创水目山时，见满山森林茂密，郁郁葱葱，是宝山灵气所在，如果为修寺院砍伐树木，将造成水土流失，鸟飞兽散，灵气顿消。普济十分为难，遂在这水井边焚香念经诵咒，叩拜请佛祖赐木，待念经到第七天时，至诚之情感动了佛祖，命二十八宿青龙、朱雀、白虎、玄武带领众神动用神工，从远方森林运来建寺木材。吉时已到，奇迹出现了，只见井水汹涌，木料一根接一根从井中冒出来，全寺的和尚、工匠全部出动也搬不完。日复一日，不知出了多少根木料，眼看大殿就要建好，师傅让小徒弟清点数字，正数着，一个多嘴和尚说了声“够了！够了！”霎时井水恢复平静，井底正在往上冒出的半截圆木再也取不上来了。而大雄宝殿还差一根横梁，情急之中，木匠们用木屑和锯末黏和，做了一根木头，装在大殿南侧的横梁上……

色彩明艳的秋叶，毫不迟疑地投身井底，井底无水，人潮沸腾的建寺现场没有可能重新演绎。但是，有了普济庆光禅师禅杖的神性魔力，山能有“水目”，井可出“栋梁”，水目山怎能不显现佛的灵光？

塔林地宫闪烁的佛光

水目寺北岗塔林，建于南宋嘉定四年（1211 年），现存共八十余座，圆寂僧众数以万计，被誉为“云南佛教的金字招牌”。2000 年开始，祥云县对墓塔林进行了保护性整修，舍利子、衣钵、锡杖等埋藏了千年的珍贵文物相继出土，并轰动一时。其中肉身舍利子经多方鉴定，确认为真，目前肉身舍利子被安放在塔林中区的地宫，供广大香客、游人参敬。大地深处的佛光不断闪烁，护佑众生。

北岗塔林，掩映在松林中，存留着历代众僧圆寂之后的骨灰。塔林不仅风格独特、保存完好，而且数量在云南、在中国西南也堪称第一。塔林呈梯状排列，基塔高三至六米，塔身为纺锤形或四方形，塔刹有相轮、仰月、宝珠等形状。从造型看，有楼阁式单檐方塔及覆钵式塔两种，其中只有一座塔（第 31 号）为云南唯一保存的楼阁式单檐方塔，是大理国时的建筑。其余均为覆钵式塔，分砖塔与石塔两种，其构造一般由塔刹、塔身、须弥座和地宫四部分组成，以其造型优美、雕刻精细而著称。基座及塔盘砖上有卷云纹、莲花纹及人物、动物浮雕图案，塔基外石级通入塔内墓室（地宫），即用来安放僧尼圆寂后骨灰罐的地方，因而这类塔又称为“和尚塔”。据《水目山诸祖缘起碑》碑记，大理国净妙禅师与皎渊禅师圆寂后，均葬于北岗。其余僧塔大多建于

❶❷塔林

明清时期。

十多年前，当考古人员维修地宫地下通道时，发现一座大理国时所建造型古朴的塔中（第40号），骨灰罐竟然达两百多个，证实了子孙式墓塔的存在，其中还有一件造型精致的黑陶罐，经国家文物鉴定委员会鉴定为大理国时的遗物，被确定为国家一级文物。

这片塔林，带着岁月的沧桑，仰望天空，仿佛一个枕着青山、伴着祥云、听着松涛、面向山下盘腿打坐的僧人，一坐就是近千年，守护着这方水土。

不得不再次提起塔林一侧大理国公主段婷婷的墓塔，提起那一桩忧伤的爱情故事。佛性的水目山，因了这一笔，连月光都整日泪流满面。功名与利诱、爱情与国家之间，如何

地宫千佛壁

抉择真的很难。纷争只能带来伤害，这段早已灰飞烟灭的故事，只有善良的人们一代代口口相传，那是最好的纪念。

聆听时间的虚无，可以追忆到那一个场景：

金兵入侵，南宋岌岌可危，大理国的宰相高量成之子高成宗认为，大理国主要的实力是高氏家族，若因自己与叔叔争位，而两败俱伤，分散高氏势力，大理国一边要援助南宋，一边要安内乱，南宋一亡，大理国便不可存矣。高成宗再想，叔叔跟他的父亲高量成都是大理国的功臣，谁继承宰相之位都是为国家大局。而且，高成宗从小就视功名利禄为粪土，早有出家之心。离开，可能是最好的选择。

一边是爱情带来万箭穿心的痛，一边是以国家为重的深思熟虑。水目山的塔林里，谁也无法考证那真的是段婷婷的骨骸，就葬在高成宗圆寂之后的墓塔之旁，至少流传的故事没有漏洞。命运是

不能扭亏增盈的悲剧，从洱海升起的月亮，轻轻地揩拭着婷婷公主的心。

尽管塔林的地宫安放着那么多的灵魂，还有精美的壁灯与华彩的绘画，估计大理公主依然不会温暖，墓塔也许可以供公主存放孤寂，但终究和爱人有一墙之隔的天涯，永远阻隔着彼此渴望水乳交融的身心。啁啾的飞鸟，也在为公主鸣不平。

难道因为佛性的山，不能容纳这神也会为之落泪的爱情？公主的墓塔已经有了明显的歪斜，仿佛是公主起身正在侧转身回望，寻找身后高成宗比月还忧郁的眸光。其实，两颗心泊在塔林，就是再小的悄悄话也能彼此听到的，又何必还要替他们抹一把眼泪呢。

舍利子

相守可以有多种形式，水目山上，段婷婷与高成宗，算

参敬舍利子

是最撕心裂肺的一种版本。

几十座历代僧墓塔，是水目山极为重要的一景。塔下的地宫蕴藏着禅林的神秘与庄严。经过石阶往下走，一拐弯便进入地宫。门口有“哼哈二将”石雕把守，“哼将”怒目圆睁，那能鼻哼白气制敌的本领是否还有？“哈将”满目杀气，口哈黄气擒将的看家本事，肯定是深藏不露了。

进入地宫，立即就被让人迷惑不解的壁画镇住。

仿佛是一部厚重的大书，被清风翻开卷首，那消逝的生命，在此遁入寂静之地，以此往复的轮回，也许是从这里开始的吧。对于死，脱离肉体后的灵魂，美国研究濒死体验的学者库布勒·罗丝亦认为：“肉体即使死亡，灵魂仍是不灭的，只是改变存在的次元，永远地存在着。”

生命在地下，才感到呼吸的真实。面对死亡的诸多气息，再美的莲花纹，再精致的浮雕墙，都只是装饰，掩蔽不了走出地宫，向往阳光、雨露的本能。

佛教视死亡为往生。关于死，佛教有诸多看法或定义，死如出

地宫

狱者，色身聚集诸苦，似牢狱系缚吾人，死亡恰如服刑期满，获释出狱。死如再生者，譬如从麻出油，从酪出酥，死亡意味此期生命终结，另一期生命开始……因此，佛教一直有坐化为最高境界之说，积善积德，原只为生命临终，那一抹拈花微笑？

地宫里的陶制骨灰罐分门别类，严格按层级分装，透过玻璃，依稀可读罐面朱砂撰写的佛语和圆寂僧人的姓名及法号。其中，一个龛内摆放着一朵铁花，据说是在宝华寺某一角落发掘出来的，证实了确实有“铁树开花水目山”的说法。

佛教圣物——肉身舍利子，装在一个特制的水晶球体中，在光与影的作用下十分神秘，一串红色的珠子微微浮动，似一抹青烟梦幻般时断时续。舍利与舍利子不一样，舍利即为尸骨，是僧人圆寂火化后的骨灰。而舍利子，则是大德高僧在自身和自然内外因条件下严守戒律，汲取天地、日月、山川自然的精华灵气和佛法真谛，精诚修炼圆寂火葬后的身物，百世罕见，是僧尼们修行有成就的表现、见证，是大德高僧、佛门尊严神圣的象征和标志。舍利子在佛教界享有至高无上的地位。舍利子分三种：白色的骨舍利子、红色的肉舍利子、黑色的发舍利子。而三种舍利子中，又数肉身舍利子极其罕见珍贵。

多年前，“云南信息港”曾刊登了这样一条新闻：

作为中国昆明国际旅游节系列活动之一的祥云水目山佛门圣物（舍利子）安放仪式在佛教胜地水目山隆重举行。至此，这一出土多年、海内外游客慕名已久，却一直未能亲睹神韵的佛门圣物终于揭开了神秘的面纱，在两百多名僧众的护送及四万多名游客的目送下，重新回归了水目山墓塔林的地宫。据了解，水目山是云南开创较早的佛教圣地之一，其寺院始建于唐朝，兴盛于宋元，延续于明清，鼎盛时期，僧众多达三千余人，一度成为滇西地区的佛教中心。各地僧人出家时均要先到水目山剃度，再分散到各个寺庙，圆寂时又回葬于水目山，完成一个善始善终的轮回。由此也造就了著名的全国第三大塔林——水目寺北岗塔林。北岗塔林建于南宋嘉定四年（1211 年），历史上有一百多座，现存共计八十余座，圆寂僧众数以万计，被誉为“云南佛教的金字招牌”。

2000 年开始，祥云县对墓塔林进行了保护性整修，舍利子、衣钵、锡杖等埋藏了千年的珍贵文物相继出土，并轰动一时。其中肉身舍利子经多方鉴定，确认为真，遂择此日安放回塔林中区的地宫，供广大香客、游人参敬。

……

❶❷ 北岗塔林

在维修北岗塔林期间，曾发掘出开山祖师普济使用过的南诏宫中“护宝锡杖”和高僧的衣钵、舍利子。墓塔碑文记载：“天开七年七月廿一日，净妙迁化于水目禅室。越翼日，火化于北岗而建塔焉，塔曰‘圆明’。”“天开十年甲戌十月廿四日，皎渊端坐而化，塔于北岗，塔曰‘实际’。”“康熙甲辰六月十二日，无住示寂。塔于宝华之北。”

走入塔林，会触动水目山的根根心弦，让隐退的鸟声风声腾空而起。风声诉说着种种久远的佛音禅语，松林似乎也在随机而动，发出种种玄妙的回音，让出走凡俗的高僧也站在一定的高度塑造自己。

水目山的历史芳华

在一千多年的烽烟历史中，水目山历经了沧桑跌宕，浴火重生。经过历代高僧的努力和不断重建，香火一直持续至今。水目山先后出现了普济、净妙、皎渊、阿标、彻庸、无住与非相禅师等水目诸祖，大师们的修行把水目山的佛教地位推向了云南乃至全国佛教禅宗的巅峰。

水目山历代高僧辈出，相承不绝，最为突出的有开创之初的南诏至大理国时期和明末清初两个时期。自普济庆光禅师建寺开山后，悠悠佛音绵延不断。大理国相国高顺贞即净妙禅师，相国高量成的儿子高成宗即皎渊禅师相继入寺为僧，被奉为开山二祖和三祖。一直崇尚佛教的大理国，出家的皇亲国戚和其他达官贵人也络绎不绝，大理国中就有近十位国主相继禅位为僧，皆到水目山参禅受戒，大理国孝德皇帝段思廉（法号本源）、工匠都养阿标头陀都归宿水目山，充分说明了水目山与大理国皇家的渊源和密不可分的关系。

段思廉是个顺应民心的大理国主，百官众臣废了败国之君段素兴之后，他担大任于国家危难之时，是个深明大义的大理国皇帝，修复并发展了与大宋朝廷的关系，是个明智的大理国君。他少年精文崇武，在位 31 年，人过半百立即禅位出家，在水目山上

舍利子安放法会

建八大寺，壮大了水目山的佛法道场，是水目山上贡献卓著的高僧。

净妙禅师，水目二祖。原大理国国公高顺贞，做了“群贤慕其德，生民赖其惠”的十年台辅后，隐居水目山，成为身如枯木、心若澄潭的净妙禅师，严守戒律，精修华严经，以“目击则道存……视荣辱为空花”的双眼，照亮过众多佛家弟子的心灵。

皎渊禅师，水目三祖。护法公高量成之子高成宗，从小视富贵如浮云，20岁慨然出家，出家时引起朝野震动，在华严经中痴迷沉醉，立足佛境水目山，一心修无上菩提，甘心寂静，年复一年地把皈依的日子坐成永远光彩的禅意。

阿标头陀，水目四祖。来自大理国的工匠都养，在相国

重臣权高震主之时，上山为段氏国王营造脱离困境的出路。他“日则奔走劳苦，夜则系髻寺梁”打坐练功，竟然获取神通，在水目寺留下了一个“风洞购物”的传说。传说阿标在意念之间即可出入山上的风洞，片刻之间往返一二百里，大理古城闹市上的人们见阿标正在赶集购物，山上的工匠们却仍见阿标还在入禅静坐，而他面前的竹筐里不知不觉间装满了种种新鲜瓜果。

南诏国王颁圣旨建水目寺

彻庸，水目五祖。云南（今祥云）人，姓杜名周理，出家参谒姚安密藏和尚时，抓住禅机返照心灵，贯通了一派法脉，让密藏和尚发出了“滇中执佛法幢将是此人”的赞叹，去南京请藏，路过浙江与密云和尚结下了友谊，并共研佛法。在大姚妙峰山，名士在德云寺写下“……滇南自古庭后二百年，祖灯再焰，实从师起”的赞扬，杨士宗（系进士崖川智菴居士）撰《水目山诸祖缘起碑》评价“学佛知儒之有禅者也”。在水目山的岁月，洒《曹溪一滴》，滋润了万众皈依之心。

无住，水目六祖。俗姓邓，铁匠出身，追随彻庸，心灵道响，携徒普登、普睿、普举、普愚到水目山，建立宝华禅林，打造“铁树开花”，默示恒心意志，开设戒坛，广收门徒，创造了宗风大振的盛况，留下了“铁树开花水目山”的意境。一生著作有《空明集》《苍山集》《室中问答》《拈颂举古》《鸡山语录》，不同凡响，誉满古滇佛门。

非相，普行禅师，俗姓孙，景东人，师从无住，赐名普行，有所到之处“如风回草偃，万指倾心”的佛法，有剃度弟子万人的记载。

担当（普荷），俗名唐泰，晋宁人，以诗、书、画名扬古滇，慕名而来参拜无住，僧名普荷，有“担当”之号，受戒后潜心修行32年，被誉为“诗书画滇中第一人”，著有《橛庵草》《罔措斋联语》《杂偈》等。

容光祖真，俗姓尹，赵州弥阳人，在水目山开舍卫宗风，说戒律梵纲，演元机妙理，传法道心印，续拈花意旨，有“定则槃舟自度，慧则法海度人”的如意诸法，一生清高达道，在圆寂后的道光二十八年（1848年），博得了云贵总督林则徐“真如沙门”的盛赞。

水目山上的传奇高僧大德，先后创立了水目寺、宝华寺、普贤寺、塔盘寺、倒影寺、地藏寺、金龙寺、大觉寺，修建了玉皇阁、金榜阁、观音阁、前塔、中塔、后塔和北岗墓塔组成的塔林，塑造了诸多泥的、铜的佛像，铜钟；创作了众多弘扬佛法的楹联、匾额和经典论著；留下了依然洋溢着古

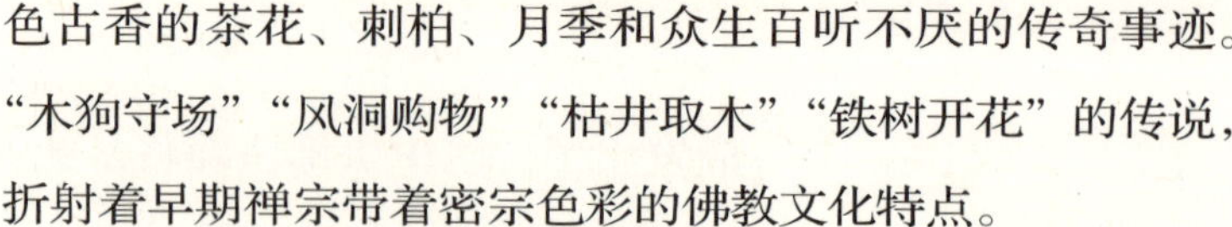

色古香的茶花、刺柏、月季和众生百听不厌的传奇事迹。“木狗守场”“风洞购物”“枯井取木”“铁树开花”的传说，折射着早期禅宗带着密宗色彩的佛教文化特点。

明末清初文学家李元阳等人，追寻“菩萨治罗刹建国历来圣迹”，考证了南诏大理国以来佛教诸祖缘起水目山，并在水目山耳闻目睹诸祖开创的寺塔林立、金像巍然、梵音浩荡后，大为惊叹！

水目山，因寺院塔林壮观、高僧传奇、历史悠久，远近闻名，有历代名人与之结缘。唐宋时期，有南诏大理国的帝王和达官贵人；元代有段功；明代有大旅行家、地理学家徐霞客，文学家杨升庵；明末清初有吴三桂；清代有林则徐；20 世纪 90 年代有全国政协副主席、中国佛教协会主席、著名书法家赵朴初。悠久的人文历史和佛教文化相互交融。

历史中的人物仿佛还在山间穿行。他们脚步很轻，分明还沾着红尘，却又向往佛寺的清静。一方面，眷恋着奢侈的生活，却又被钩心斗角的纷争烦扰；另一方面，想六根清净，却又舍不下声色犬马的诱惑。他们不是为参敬舍利子而来，不是为可览群峰秀色蜿蜒的景致而来，不是为望前川百里纵横尽收眼底的磅礴气势而来，更不会为山间苍绿的云南樟、元江栲和华椴而来。他们是行云，是流水，是过客。

近千年的古山茶仍然捧出灿若云霞的花朵，500 岁的月季仍然跟上了春风的脚步。拴在水目山半腰的马匹，嘶哑地喊着想要回大理国都去。

山上几朵素净的白云，也许曾让仰望苍山玉带路的皇亲们感叹归路，在这座皇家寺院静寂吧，让身心从此禅定。

某日，晋宁俗人唐泰，风尘仆仆地来到水目山，就再也没回到他的家乡，而选择在此剃度受戒，得佛名“担当”，入佛门专攻书画，他的诗书画也因水目山而充满了灵性。

再后来，因为水目山的缘，在担当师傅的介绍下，远

方的徐霞客冒着严寒来到水目山拜访老朋友，雨雪交加之夜，旅行家和书画家彻夜促膝而谈，生命里留下了难以泯灭的记忆……

宝华寺里的那棵山茶可以为他们做证。

徐霞客

水目碑林

要深度了解佛教圣地水目山更多的历史，翻阅那些山上的瓦片、石块，就要从阅读一块块历史的碑记开始。

水目山上迄今发现的金石碑记很多，有两块《诸祖缘起碑》，有《大理国渊公塔之碑铭并序》，有水目寺碑记《水目寺碑铭》《重修水目寺记》《水目寺重修塔院记》《水目寺地藏殿常住碑记》，有宝华寺碑记《启建宝华庵碑记》《无

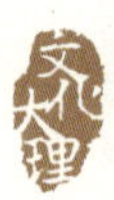

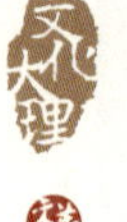

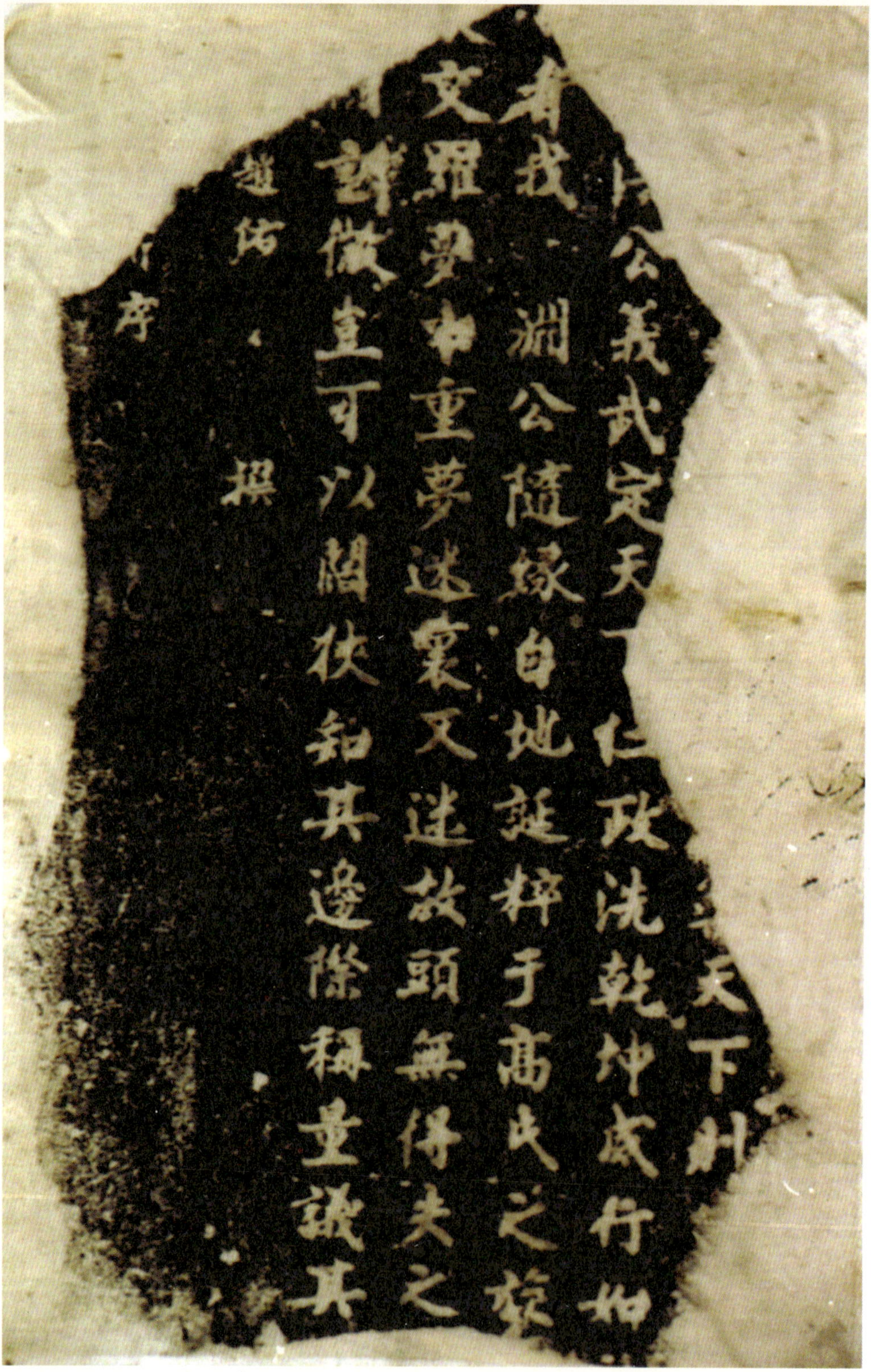
天下
公義武定天下仁政洗乾坤咸佇如
者哉 淵公隨緣自地誕粹于高氏之族
文羅夢中重夢迷裏又迷故頭無得夫之
諱微豈可以闊狀知其邊際稱量識其
遊佑
操
序

渊公碑残片

住如禅师塔铭》《非相禅师塔铭》及《真如沙门之碑》，有普贤寺碑记《大济禅师行实碑》，有经板阁碑记《重修经板阁碑记》……如果把这些金石之碑云集在一起，就是一片壮观的碑林，漫步在其中，细览水目山佛教文化的进程，水目山佛教的历史就会一一再现。

两块诸祖缘起碑，分别立于清康熙九年（1670年）二月与四月。一块是时任督理云南通省清军民屯粮储兼管水利道按察司副使李元阳撰书的《水目寺诸祖缘起碑》，立在水目寺后侧门外的“风洞”与“枯井”之间，碑通高1.85米、宽0.85米，全文3000字，仿佛是清朝官员李元阳在向来往的人讲述，南诏龙兴四年（唐元和八年，公元813年），开山始祖普济庆光禅师上山建寺，后来继往开来的净妙、皎渊、阿标、无住、非相等禅师的行实事迹。

另一块是杨士宗（系进士崖川智菴居士）撰写的《水目山诸祖缘起碑》，立在宝华寺北“五祖坟”塔院内，碑通高1.8米、宽0.8米，全文2800字，俨然当年的杨士宗还在向朝拜的人讲述水目山诸祖的缘起。杨士宗撰写所列的诸祖增加了水目山七祖——彻庸禅师。两块水目寺的诸祖缘起碑，都是有重要参考价值的瑰宝，都可以看到水目山以及汉传佛教禅宗弘扬滇西、影响云南宗教的历史。

明崇祯十一年（1638年），徐霞客在上水目山过观音阁时所见的《渊公碑》，是历史更久远的金石之碑，由楚州大学士赵佐撰写，立于南诏天开十六年（1220年）。后来，观音阁被焚毁在一场大火之中，《渊公碑》也随之湮没在观音阁遗址内。

1988年，考古工作者发现了《渊公碑》的残片，《渊公碑》详细记述了皎渊禅师的生平，展示了对云南佛教历史发展的重要价值，证明了元代以前汉传佛教禅宗就已传入云南。

水目诗僧

水目山的宝藏无数，其中还有一类珍品，就是佛门弟子创造的颇为灿烂的文学艺术作品。明末清初，水目山产生过一批精通诗、书、画的高僧，彻庸、无住、担当、知空就是较为突出的代表。

彻庸（1591—1641年），俗姓杜，云南（今祥云）人，为僧严守戒律，精研佛经，善书会诗文，著述颇多。1639年起，在水目山静室潜心著述，传世之作有《曹溪一滴》《梦语》《谷响集》等专著。从其徒整理的彻师《语录》看，他的诗、偈，语言简练，颇有禅理，如："参罢吾师真面目，山茫茫又水茫茫。""参头抛却歇狂痴，闲向江边理钓矶；失脚踏翻波底月，芦花两岸尽菩提。"被称为"水目七祖"。

无住（1589—1664年），俗姓邓，定远（今牟定县）人，少业铁匠，本不识字，为僧后勤学苦练，昼诵经文，夜抄经卷，成为一代书法名家。他一生著作甚多，有《空明集》《苍山集》《室中问答》《指颂举古》《鸡山语录》等行世。同时一生交往甚广，与同代名儒陈眉公、画家董其昌、大姚县令黄孔昭等交往深切，开创了佛儒交融的格局。

学蕴（1613—1689年），号知空，俗姓王，洱海（今祥云）人。出家后精研佛乘，能诗善文。其书法洒脱遒劲，"笔墨纵横，运气生动"，自成一体。其诗文流畅且深悟禅理，如："吾家远住在天边，此去江南路万千，三千灵文山岳大，五灯慧命一丝悬。洞庭渺渺天连水，黔国悠悠地接滇，将此身心奉尘刹，兴教无碍祖师禅。"再如："凿破鸿濛无觅处，且随风月下瀛州。"都是脍炙人口的佳作。

担当（普荷禅师，1593—1673年），晋宁人，俗名唐泰，是在水目山出家为僧的著名画家和诗人，水目山六祖无住禅师的门徒。自幼颖悟，善文工画，尤攻诗赋。学诗画于董其昌、陈眉公、李本宁诸大家门下，深受名家赞赏、器重，当时被称为"云中一鹤"。董其昌称他的诗"温敦典雅，不必赴帝京而有四杰之藻，不

必赋前出塞而有少陵之法”。李本宁赞他的画是“清而不薄，婉而不伤，法古而不袭迹，卑今而不太吊诡”。陈眉公称他是“灵心道响”“当世奇男”。他的诗、书、画有“三绝”之称，名扬三迤。担当赠知空法师的诗，曾传颂在名山古刹中：“别来休嗟路不通，九台高峙在空中，怪来闻问无温语，独有凝寒可赠公。”在水目山写下的诗至今流传：“山似莲开不染尘，一灯祖意万年新；借风投足飕飕冷，以水传心滴滴真。过去四元无别路，未来之处属何人，劝僧莫学金钩系，切恐头颅误此身。”水目山的楹联也出自其笔下：“杖头流水有渊源，万古七人，前当证祖，后当证祖；洞口清风透消息，千僧一喝，老也传宗，少也传宗。”

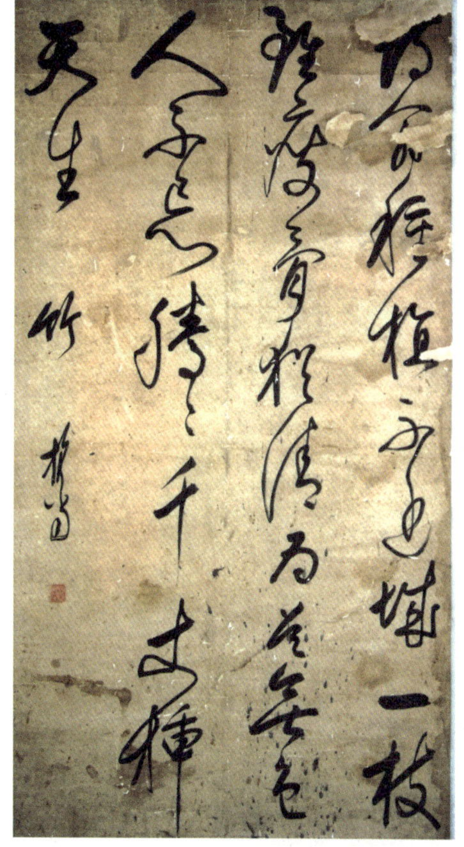

吴三桂问道

清顺治十八年（南明永历十五年，公元1661年），藩王吴三桂率清兵入滇征西，流亡昆明的永历皇帝仓皇西逃。吴三桂进入云南县境，耳闻水目山的盛名，曾向水目寺借粮未果，心怀怨恨。听说山上主持知空和尚道高法广、机锋敏锐，而知空和尚曾向永历皇帝朱由榔“表贡山果”，于是第二次路过水目山时就择机兴师上山，欲借较量机锋，动问水目寺不给清军奉献粮草之罪给以报复。

上山之后到达上庵宝华寺，知空看出吴三桂处处刁难、霸气十足，欲寻借口加害，随即警惕。寺门外有一棵梧桐树和三棵桂花树，吴三桂一见，就怒问：“寺门外是些什么树？一共有几棵？”只要知空和尚一有口失，吴三桂就要借机杀之。知空于是机锋一动，从容应答：门外是一棵“有凤来仪树”，是一棵一棵又一棵“十里飘香树”。

吴三桂一听，知空禅师机智过人，对答自如，巧妙地避开了自己的名讳，果然名不虚传，于是无言以对，杀气十足的预谋随之土崩瓦解，内心佩服，随即入寺，求卜问道。避开了杀身之祸的知空和尚，为救百姓出水火，继续以一身正气坦诚劝告顺民意得民心的德治之道。吴三桂听了，不但不生气，反而兴致勃发挥毫泼墨，给水目山题写了诗句：

走洒洒英雄襟度，坦荡荡君子心肠。

林则徐专谒

清道光二十八年（1848年），云贵总督林则徐为解决永昌（今保山）的民族纠纷，往返滇西。因早听说“滇有名山，多出

舍利子安放法会

法王”，林则徐在过往云南驿站的时候，就想借机会去一回水目山，了一了拜会佛教名山的心愿。

择日，林则徐总督上到水目山，禅院建筑的皇家气势蔚为壮观，感觉颇为震撼。当他路过纯瑛禅院时，就探问纯瑛禅师：“近年以来，何者清高达道？”纯瑛禅师答道：“有水目大师，如意诸法，通达妙门。定则槃舟自度，慧则法海度人。师往感通说戒，罗军门慕德请师，师谓使者曰：道场耶？应供耶？若道场，道场已周，若应供，法海充满。师竟未赴。又于石笏嗣律。伊中堂慕德请师，师谓使者：‘会法耶？会僧耶？会法无法所说，会僧定僧不动。’依然未赴。师岩居穴处，冰消瓦解，难行能行，难忍能忍。”纯瑛禅师给林则徐介绍的，是水目山容光祖真禅师对罗军门讲的为僧之道之德，可惜禅师已于丙午二月十一日圆寂。

未能遇见一代大德高僧，林则徐听了甚为遗憾，感叹道：“智者难逢，某现宰官身，错过西来意！”但他又为水目山有如此清高达道的大师而高兴，于是，挥毫为容光禅师的墓塔碑铭撰额曰“真如沙门”，盛赞高僧德行。现在，《真如沙门之碑》还存立在宝华寺北“五祖坟”的塔院内。

第三章

多姿多彩的民俗风情

祥云，滇西峡谷与滇中高原结合部一个历史悠久的多民族县份，县境内生活着汉、白、彝、苗、傈僳、回等各民族人民47万余人。除回族、苗族、傈僳族等人数较少的民族以相对零星的方式散居外，汉族、彝族、白族三个主体民族，基本是以“丫”字形的坝间黑龙山——禾甸东山——下川东脉为界，汉族人聚居在城川、下川两坝及向东南辐射的马街、鹿鸣、下川浅山区，白族集中居住在禾甸坝——米甸谷地，彝族则集中在县境东北部的米甸山区和东部东山、普淜等两三个民族乡镇，形成了大杂居、小聚居、交错居住、和睦共居的十分特殊的民族居落景观，是在古代政策性、军事性、经济生产性的民族大迁徙与古代、近代乃至现代的民族大融合下产生形成的。

各民族在共存的同时又相互影响、相互包容、相互吸纳，形成了和睦共融、多姿多彩的民族风情特色。

节日歌会

祥云的民族节日主要有大营七宣村的“哑巴节”、米甸的彝族火把节、自羌朗村的“尝新节”、白龙潭傈僳族的“七人节”、东山老里么的“拼伙节”等。特殊的地理位置加上六个民族相依相伴，在共存的同时又相互影响、相互包容、相互吸纳，形成了和睦共融、多姿多彩的民族风情特色。

传统歌会，就是周围百里以内会唱歌的各族男女青年会聚一堂，以歌传情、寻找意中人的聚会。唱歌的对答流畅，听歌的也自在快乐。

七宣村“哑巴节”

禾甸镇大营七宣村，一个坐落在祥云最东边的彝族散居部落。这里，古老的民俗——“哑巴节”却以自己独特的形式传承了下来。“哑巴节”是彝族人世代相传的一个民间节日，流传至今已有上千年的历史。每年的农历正月初八，七宣村隆重举行“哑巴节”，通过“大哑巴”祈祷给当地人民带来风调雨顺、和谐安定，给客人带来吉祥、平安和好运。2009 年，祥云县彝族“哑巴节”被云南省人民政府、云南省文化厅列入“省级非物质文化遗产保护名录”。

大营七宣村，一个远离现代喧嚣的高寒山区的民族村寨，这

里的山，这里的水，这里的人都拥有诗画般的自然气韵；这里的树，这里的风，这里的空气都拥有一份挥之不去、欲罢不能的惬意。连绵的山是七宣人的家，葱郁的森林是七宣人的魂。站在高处看，参天的古木掩映着沧桑的村落，村民把古树当作神树，神树连接着每家每户的心、魂、精神，逢年过节、大事小事加以祭拜，表达彝人对祖先和天地给村民带来吉祥好运的敬畏。村中年龄较长的毕摩老者似乎都无法说得清，这里是先有了树还是先有了人，只记得这些古木神树从古到今一直呵护着这个寨子，早就与这里的山、这里的水、这里的人融为了一体，一直固执地守望着一切。七宣的彝家人都相信，世间万物皆有灵气，而大树是最接近天地神灵的，所以节日活动都必须叩拜神树。

沸腾的山寨

祥云彝族“哑巴节”演绎了一个动人而美丽的故事：相

传在很久很久以前，七宣村里有一个美丽善良的哑女，为帮助村民，四处乞讨，求医求药。哑女的这份善良和纯朴感动了龙王，于是龙王和哑女一起帮助村民渡过了难关，医好了疾病，哑女被龙王相中纳为妃子，龙王每年给村民带来风调雨顺和平安吉祥。每年的农历正月初八，是哑女带着龙子龙孙回村看望村民的日子，为了纪念龙王和善良的哑女，七宣彝族人民便把每年的正月初八定为“哑巴节”，祈盼“哑巴节”能让彝族人民世代平安吉祥。

按照传统习俗，村里每年都有一户村民来承办“哑巴节”，倘若当年家里有丧事或发生了不吉利的事情，就三年内不能承办。农历正月初七凌晨，承办当年“哑巴节”的村民要邀请族支头人到村里的广场立楸杆和栽大年松。“楸杆”是过“哑巴节”的重要标志，用一丈九尺六寸的六根柱子交叉而立，代表七宣村罗氏六大族支，杆顶挂上彩带以及象征喜庆丰收的猪头、茶、米、油、盐、酒等。栽下年松就意味着栽下了来年的希望和祝福，栽下了迎接四面八方亲朋好友的“召集之树”。

农历正月初八早上，赶在太阳升起之前，在“大哑巴”的带领下，所有的“哑巴子民”都要到村外山坡上的龙王庙进行“净身”。“大哑巴”是七宣人共仰的神，正月初八这天所有的神都会把“灵气”赋予他。在太阳升起的时候，杀鸡敬酒，讲吉利话，点“神光”，对龙王神像叩头祭拜，在院子里点燃火堆，“大哑巴”带领“哑巴子民”们，围着熊熊的火堆进行“三正三反”的追跳。然后，围在盛满清水的石缸旁，依次刮面净身，象征洗去了所有的疾病和烦恼，仪式结束，全部“哑巴子民”回到村里。

接下来是恭请“大哑巴”和“哑巴队”，就在承办“哑巴节”的村民家中举行。恭请之前要进行“彩绘”，毕摩彩绘师要在所有“哑巴子民”的脸部、身体上描绘多彩的彝族文化符号、图腾、图案等，象征崇拜、吉祥、纳福和尊贵。所用的材料是当地自制的一种覆盖力不强的粉末状颜料，通称“膏子”，用水溶解后即可使用，颜色以红、白、黑为主。彩绘结束后恭请“大哑巴”和“哑巴队”。

山村节日——大营哑巴节

大哑巴出山

恭请时要有彝族六大支系的族人毕摩和护卫总管全部在场，也就是为村民守卫寨子和捕获猎物的狩猎人。其中最为活跃的是主持人大毕摩的跟班，也称为“马彷”，他们用最原始的礼俗，演绎着彝族的原始文化。根据毕摩老者的号令，村民主人要行礼“三叩四拜”，与天地“神灵”相互作揖，而且只能模仿哑巴吼叫，不能说话，通过这种方式表达最真诚的祈福。“哑巴队”由大小男女“哑巴”、族支毕摩、狩猎人、乐师、耕牛、农夫、收物者等组成，经过“三请三唱三起号”恭请，“哑巴队”才出门。“大哑巴”在最前面坐轿，其他人一一随后，队伍从村头接到村尾，穿过村子走一转，毕摩的跟班“马彷”必须一直倒退引跳整支队伍，不能回头。

整个寨子的村民对“哑巴队”十分敬重，在毕摩老者的带领下，认真完成每一个仪式，代表着彝族人民最真诚的祈福。是彝族人民告慰天地神灵，祈求五谷丰登，向往平安好运的祭拜。威严的

护卫猎手放响震撼天地的土枪，粗犷豪放的过山号响彻彝寨，沧桑而又扣人心弦的耕牛歌展现彝家人耕种劳作的场面。

彝族人民是热情好客的，每年的“哑巴节”都会有来自四面八方的各族群众参加，十分热闹。要想进入七宣村，村口的牌坊“寨子门”是必经之门。每年春节来临，七宣村的人们就开始装饰“寨子门”。用翠绿的松枝固定门框，挂上结实饱满的玉米串，向来者展示彝家生活的殷实。门头及门框两侧扎上三条腾空而起的纸龙，活灵活现，威严冷峻。通过“寨子门”，就是彝族人的好朋友，就得遵守寨子里的风俗人情。“寨子门”是彝族的守护神。

“哑巴节”的活动内容还有：祭拜神树、跳祖鼓、跳年松、对山歌、打跳、敬祝福酒、赛装以及到各家各户“跳哑巴”等。因为“哑女”是女性，七宣人都崇敬女性，祭拜传

神鼓舞

说中的龙女为“母体”，他们觉得所有的村民都是“哑女”的龙子龙孙，所以每家都会以母阴（女性生殖器）的形状做一个通神的法器木鼓，在上面描绘文字、图案，系上两道“大红”。每当祭祀或过节的时候就唱歌、击打木鼓，用木鼓向天地神灵诉说和祈求，这样“跳祖鼓”就流传下来了。“跳祖鼓”是彝族“哑巴”文化里不可缺少的部分，为了表达对本族祖先的崇敬，都会“跳祖鼓”。

“哑巴节”恭迎完“哑巴”队伍后，所有人都聚集到广场上打歌，跳“祖鼓舞”，敲响木鼓，奏响芦笙，呐喊节奏，载歌载舞，尽情狂欢，快乐无比。走进七宣村的“寨子门”，美丽的彝族妹子端来香甜的米酒，山歌唱起来：“喝酒来，阿哥你么留下着，喝酒来，阿妹你么莫走了，彝家小调你要对，彝家米酒你要喝……”

祥云彝族“哑巴节”用纯朴的方式书写着民族文化的篇章，用不朽的生态文化印记永恒。品味彝族“哑巴节”，就像欣赏一幅浓墨重彩的画卷，跟随着一个声情并茂的舞者而陶醉。每年的“哑巴节”都会吸引周围村寨近万的观众，浓郁的自然景观和民族文化资源，仿佛走进了原生态的民族文化殿堂。在这里驻足，停留在能够驱走劳顿的彝家田园，一曲曲清新幽甜的山间小调，让浮躁的心灵安静下来，得到抚慰和安宁。

彝族火把节

彝族的火把节是一首诗，一首千古传唱的歌谣。

火，是温暖和激情的象征，它划破了历史的黑夜，把人类带入现代文明社会。火是天赐的灵物，火是生存的前提，火是光明的使者，火是彝族人追求光明的象征。彝族人相信：火不灭，人永生！

彝族火把节的原生形态就是古老的火崇拜，目的是期望用火驱虫除害，保护庄稼生长，传达着朴素的生命观念和生活态度。火把节是彝族同胞火的盛典，是民俗欢乐的盛宴。

火把狂欢夜

米甸地区的火把节，是在每年农历六月二十五举行。这一天，所有的村寨都喜气洋洋、忙忙碌碌，男人们杀鸡宰羊敬鬼神，供奉天地祖宗，女人们烧柴炒菜摆长宴、打拼伙。年轻人在村子之间的广场上竖起大火把，全村人围着熊熊燃烧的火把打歌、对调子，通宵达旦，欢乐无比。

夜幕降临，村里竖起大火把。德高望重的老人们带着香火、酒水到田边地头虔诚地敬谢土地水神，祈求风调雨顺、五谷丰登、粮食满仓。跟在老人旁边的人们敬酒水、茶水，撒肉食、炒豆等食品。彝族群众穿着饰有各种图案的民族服装，汇集到灯火通明、乐声四起的大火把堆周围。大人小孩手持小火把聚集到这里，燃烧的火把，把整个山村照得通红。

孩子们架起火把堆“跳火把”，寓意祛除病痛、健康成长，一把把抓出背在袋里的松香面，撒在火苗上，腾起烈焰，快乐无边。姑娘们早早就去山上把挖来的金凤花根捣碎，包在手上捂红指甲，端午节戴上“花索线”的双手也要着一把火把，走在田间。最狂放的还是那些彝族小伙们，人人都要起一丈多长的火把，嘻嘻哈哈，不断地抓出松香面对着火把撒一把，猛然升高的烈焰吓坏了旁边的姑娘们，

小伙们更加兴高采烈。

芦笙吹起来，弦子弹起来，调子唱起来。围着大火把，男女老少手拉着手跳起来，歌场上一片沸腾，围成一圈又一圈，踏着快乐的节拍，尽情地唱着火的歌、跳着火的舞，一张张喜笑颜开的脸映衬在火光里，一份浓浓的情谊在传递，温暖着在场的每个人。情感挽着情感，生命牵着生命，温暖传递温暖，陶醉在满山流动的音符中，沉醉在古朴的梦幻里。

在歌舞的海洋，热情粗犷的彝族人唱呀、跳呀，歌声是那么的

动人、欢快，舞步是那么的轻盈、和谐。男子边跳边弹三弦、笛子、葫芦丝，演奏的曲调虽然简单，但节奏整齐，轻重有度，感情奔放，粗犷动人，唱着野性十足、有气度的彝族民歌。女子舞姿轻盈，歌声婉转柔情，似春风，像彩虹，带有羞涩、甜蜜、向往、企盼。人们尽情欢歌，尽情跳舞，沉浸在兴奋、快乐、幸福之中。彝族人豪放自由、大方热情、奔放粗犷的性格在火把节的夜晚体现无遗。

熊熊火焰升起来，阿哥阿妹跳起来，热情的美酒端上来，彝族妹子的祝酒歌唱起来，这边唱："弦子弹起来，芦笙吹起来，真情的酒歌唱起来，欢快的舞步跳起来。"那边唱："彝族山寨高哟，酒香飘四方啰，四方的宾客哟，请将酒品尝啰。"

这边唱："小妹敬你酒，情意在杯头哎，小哥喝下酒哎，情意带着走，小妹敬酒嘘啰啰，小

火把节欢歌

哥慢慢喝哎，小哥喝酒嚜啰啰，小妹陪伴着哎。”那边唱：“粉蓝衣衫蓝茵茵，羊皮褂子穿上身，阿老表，请你端酒喝，阿表妹，请你端酒喝，上好的酒么，你要喝呢噶，你要喝呢噶，倒好的酒么，你要喝呢噶，喝呢噶……”

彝族是火的民族，是豪放的民族，在彝族儿女的心里，永远传递着一首火的歌。火，给人类带来光明、温暖和希望。火把节的火，温暖心灵，传递希望，为彝族同胞祈福消灾，带来幸福安康。熊熊燃烧的火把，象征着幸福，象征着对美好生活的渴望，更象征着民族文化的永不熄灭。

米甸的火把节，是彝族人民的狂欢盛典，是彝族群众欢乐的海洋，隆重，盛大，壮观，富有浓郁的民族特征。真是：

激情燃烧火把节，点燃夜色狂欢跳。
希望星火扬个性，天地红霞醉风情。

老里么村“拼伙节”

东山乡是祥云县一个最偏远的少数民族贫困乡，距离县城近七十公里，居住有汉族、彝族、白族和极少数傈僳族。老里么是东山乡的一个傈僳族村落，每年的农历二月初八，老里么村的傈

老里么村的拼伙节

傈族人都要举办最为隆重的民族传统节日“拼伙节”。

傈僳族是我国少数民族大家庭中的一员，几经迁徙，大多久居高山，他们勤劳善良、淳朴直爽、热爱团结、向往自由，有着灿烂辉煌的历史。老里么村的傈僳族“拼伙节”，就是全村人聚在一起，把各家各户好吃的拿出来，大家一起享用，然后载歌载舞尽情欢乐，直到深夜，至今已有几百年的历史。相传，远古时老里么村的先祖因不堪忍受外族的欺压和官府的苛捐杂税，并为逃避战乱，跋涉千里，辗转定居于山清水秀的老里么村，过着与世隔绝、耕种狩猎的艰苦生活。由于族群人少，生存环境严酷，每当族人狩猎得到猎物，必定于村子后山均分食物，全村人聚集“拼伙”，男女老少，各得一份，年年如此。为了纪念这个传统，每年农历二月初八全村人“拼伙”聚餐，后来逐渐演变成为传统祭祀节日——“拼伙节”。

“拼伙节”这天，老里么村的傈僳族群众都要穿上艳丽的民族服饰，载歌载舞，祭祀祖先。活动寓意为驱魔辟邪，祈求先祖庇佑，祈福来年风调雨顺、幸福平安，并弘扬族人平等、和睦、团结的民族精神。四里八乡的汉、白、彝等各族人民也穿上盛装，相约来到这个美丽的地方。“天为景，地做坪，七村八寨高山顶，百里乡邻来拼伙，杀羊宰牛一家人。”吹起芦笙，弹起三弦，跳起舞，大碗喝酒，大块吃肉，傈僳儿女载歌载舞贺“拼伙节”。

喷香的烤全羊，浓烈的自烤酒，清纯可人的

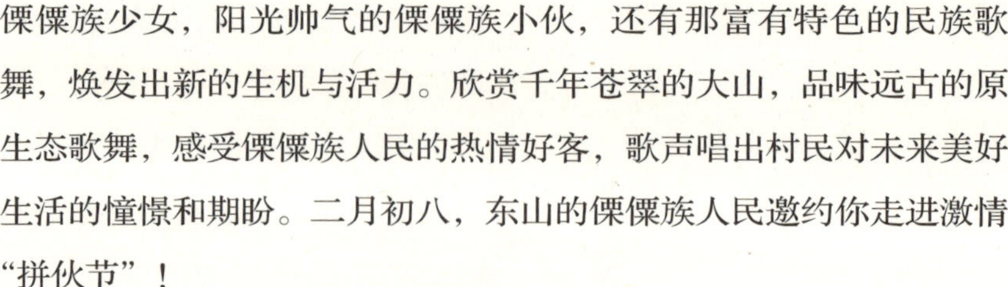

傈僳族少女，阳光帅气的傈僳族小伙，还有那富有特色的民族歌舞，焕发出新的生机与活力。欣赏千年苍翠的大山，品味远古的原生态歌舞，感受傈僳族人民的热情好客，歌声唱出村民对未来美好生活的憧憬和期盼。二月初八，东山的傈僳族人民邀约你走进激情“拼伙节”！

白龙潭村“七人节”

象鼻白龙潭自然村是一个原汁原味的傈僳族山寨，全村两百多人，几乎都是傈僳族。每年农历正月初七，白龙潭村的傈僳族群众欢聚在一起，共同打歌，庆祝一年一度的传统节日——“七人节”。

什么是“七人节”呢？傈僳族遵循人与自然相和谐的规律，每年的农历腊月三十（除夕）那天，把大自然的生物按顺序排列为“一天、二地、三猪、四牛、六马、七人、八谷、九豆、十麦”，充分体现了“民以食为天”的自然观念。正月初七排到“人”的

本命，傈僳人就把这一天称之为“人”的节日，即“七人节”，渐渐形成了独具民族特色的节日。

“七人节”这一天，迎着新年的晨光，傈僳族群众穿上独特的节日盛装，欢聚在村子的小广场上，看勇士表演上刀杆、下火海，看姑娘们跳民族舞。傈僳族妇女的服饰华丽大方、色彩艳丽，彩色的大包头和曳地百褶裙最为醒目。傈僳族男子个个都是勇士、是猎手，穿着则较为简朴，一般着麻布长衫或短衫，裤长过膝，以青布包头，左腰佩砍

❶❷ 傈僳族歌舞

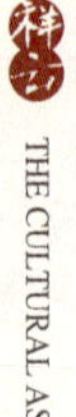

刀，右腰挂箭袋，随身携带的长刀和弓弩，既是生活用品，又是精美的工艺品。

傈僳族是一个勤劳、勇敢、智慧的民族，在长期的生产生活中，他们把打猎、耕种以及生活等相关场景融入舞蹈和歌声中。打歌以“摆时”为主，由一人领唱，众人合唱，是一种少见的多声部原始复式音乐形式，是十分珍贵的民族文化遗产。民间舞蹈以生产生活为原形，将生产生活中的各种姿态如收小米、开火山、狩猎、洗衣等赋予艺术的韵味，表演起来活泼多变、热情奔放。而傈僳族勇士上刀杆、下火海更是惊险刺激，艺人身背雄鸡，口衔烧红的铁犁铧，光着脚板登上由32把锋利钢刀连接成的高梯，展示了传统绝技“上刀杆”，接着又打着赤脚大步走在燃烧的木炭上时，把气氛推向了高潮，反映出傈僳族刚毅勇敢、热情奔放的民族精神。活动还展示了民族服饰、原生态歌舞，内容丰富，音乐优美，让四面八方的群众一饱眼福，感受别样的民族风情。

天峰山歌会

“天峰山歌会”是普溯镇彝族人民世代相传的传统节日。每年农历二月十五，都会有数以万计的彝族同胞、信徒以及香客汇聚天峰山，在打歌场上载歌载舞。民族歌会起源于天峰山“太上老君圣诞会”的传说。

“天自几时有起，峰从何处飞来。”天峰山被称为“南来道教第一山”，是滇西地区的道教名山，山上建有老君殿，神奇俊秀的风姿和底蕴厚重的文化，让历代匠人付之辛劳，文人墨客为之感叹，是以石雕工艺绝伦而著称的圣境。清乾隆五十七年（1792年）所立碑文记载：“每逢二月十五日，四方民众，蜂拥蚁附，云集天都，吹笙鼓舞，荑人尽错之歌，尚存上古之淳风。”歌会来历的传说与彝族历史上所发生的事件有关，是研究彝族历史的

普潮过山号

生动素材，丰富的文化内涵是彝族物质生活和精神文化生活长期积淀的智慧结晶，展示了当地彝族宗教、历史、文化艺术等诸多方面的民俗内容，具有浓郁的民族特色。

按照传统习俗，农历二月十四日，天峰山的主持和普淜的歌会头人就要在天峰山起鼓开堂，在会场上竖立歌会大旗，标志歌会来临，召集四面八方的亲朋好友来参加。旗杆是一丈多高的笔直山树，代表“天时地利人和”。杆顶挂上彩带以及象征喜庆丰收的猪头、茶、米、油、盐、酒等。农历二月十五日，歌会头人首先要组织祭歌会大旗仪式，祭天，祭地，祭祖宗，然后向前来参加歌会的宾朋敬酒祝福，宣布天峰山歌会开始。天峰山老君殿内也要举行盛大的道教活动，邀请各地道教名山的道士来参加，诵经拜唱，演奏洞经音乐。

普淜天峰山打歌会

当天，来自各地乡邻的青年男女在歌会场上载歌载舞，吹芦笙，弹三弦，跳左脚舞，通过对山歌，互诉爱慕，定下终身。有一次一个年轻妇女一连唱败了三个对手，逼得对方哑口无言，于是从荆条丛中站起身子，理理长发，拍拍绣花围裙上的灰土，向大家笑笑，表示胜利结束，意思像是说："你们看，我唱赢了。"显得轻松快乐，拉着同行女伴，走过米酒担子边解口渴去了。这种年轻女性在附近村子中多的是，性情明朗活泼，劳动手脚勤快，长着一张黑中透红的脸，满口白白的牙齿，唱歌十分在行，常常引得周围一些年轻男子的关注。

天峰山歌会是一个欢乐大聚会，来自祥云普淜、姚安、南华、弥渡的男女老少欢聚一起载歌载舞，切磋舞技，比赛歌喉，到老君殿烧香祭拜，祈求神灵保佑平安。千百年来，歌会一直热闹非凡，人头攒动，歌声不断。三弦弹起来，左脚舞跳起来，彝族姑

娘唱起来，彝族伙子跳起来，啊嘞嘞，啊嘞嘞，天峰山上好热闹，“只见黄灰不见脚，一直跳到太阳落！”

折苴么“朝山节”

每年农历九月二十九日，普淜镇折苴么村都要举行一年一度热闹的“朝山节”。节日期间，全村男女老少齐聚打歌场，欢庆朝山节。

农历九月二十八，“朝山节”的头天晚上，每个自然村的老人们就到村里唯一的土主庙开坛焚香、献祭祈福，祈求明年风调雨顺，欢庆今年五谷丰登。“朝山节”这一天太阳初升，各村的男女老少衣着盛装，络绎入山过节。在一阵号声响过之后，“朝山”的队伍叩头祈祷，缓缓绕土主庙一周，吹打着乐器走向折苴么村里的打歌场。打歌场上早已聚集着男女老少，围得水泄不

❶ 彝山欢歌

❷ 打跳

通，“朝山”的师傅们手持金色的大镲敲“过山”的调子，悠长的“过山号”就响起来了，震动心弦，回声响亮。据说，古韵悠悠的“过山号”声，可以响彻山谷、屏退邪魔。号声响过，人们便在广场上围成圆圈，对歌，唱调子，打跳，欢乐的人们才是“朝山节”上的主角。

“朝山节”这一天，在折苴么村有这样的习俗：每一户人家都要摆桌请客，招呼过路的人一起吃饭。要是在这一天来到折苴么村，不管走进哪家，彝家阿妹都会唱起“管你喜欢不喜欢也要喝”的敬酒歌，这是彝家人好客的传统。到了晚上，彝家阿哥阿妹走出家门，在松毛地上围成圈，烧起篝火，喝着羊角酒，互诉衷情，唱调子，对山歌，打跳，直至深夜。

折苴么彝族以火、神羊、神牛为图腾，据民间传说，“打歌”的传统起源于明朝，表现彝族群众对民族斗争胜利的欢庆，同时祭奠祖先。“打歌”意为祈求来年风调雨顺、平安清吉、五谷丰登。“打歌”时，由吹奏者吹着笛子（唢呐）先行，吹笛子主要起到正音、正调的作用；三至六个弹三弦者跟随其后，弹三弦起到调节奏的作用；一个拉二胡者跟上，拉二胡者主要起到配音的作用。村中老者紧跟其后，中年人随后，小孩最后，然后由吹奏者带领队伍跳着脚围成一个圈。圈中放有八仙桌一张，桌上用升装满米，米上插上牌位，在牌位前插三支生香，点两支红蜡烛，还有酒、花、茶、果品等供品。

自羌朗“尝新节”

“尝新节”是米甸镇自羌朗村自古以来的彝族传统节庆，在每年农历八月第一个属龙日举行，届时，全村老少身着节日盛装，欢聚在一起，共尝新米。这是一个收获的节日，一个狂欢的节日，一个彝族同胞的盛会。

自羌朗村森林资源丰富，主产水稻，居民以彝族为主。每年农历的七至八月，村民都要根据自家的水稻成熟情况，采收成熟的新稻米，邀请亲朋好友共餐，享受新米美食，一起尝新。彝族歌曲《哰嗷咗》就是“吃新米”的意思。相传在远古时期，谷物绝种，一只神犬跪地向天吠叫三天三夜后得到神农氏的开恩，神犬打一个滚，用尾巴绒毛粘了几粒谷子，在膀子下藏夹两粒扁豆，带

祭神龙

回人间给彝族人栽种。为了感谢神农和祭拜神犬，彝族人在农历八月的第一个属龙日尽情欢娱、举杯畅饮，祈求来年风调雨顺、五谷丰登。在彝家人心中，龙王是最尊贵的，没有龙王，就没有雨水。稻谷的种子是狗从天上盗来的，没有天狗，也就没有水稻。有了雨水、谷种，还要有耕牛的辛苦，才有金黄的稻子。得到今天幸福的生活，龙王、天狗、耕牛都是神灵、功臣，都要感谢它们。“尝新节”不仅是一个民间习俗，还是彝族传统文化的充分展示，更是农耕文化的缩影。

“尝新节”当天一大早，各地彝家人就穿着节日的盛装，从四面八方汇聚到自羌朗村，参加对歌、跳舞、抢亲等活动，还要进行荡秋千、射弩、打陀螺、扭扁担等比赛，喜气洋洋，热闹非凡。广场上的盛会散场，开始祭祀活动，祭神农、祭农具、采新谷、献新谷。

自羌朗村的彝家小伙、姑娘早早就背着竹篮到田间采摘稻穗，他们一边对歌一边采摘，有的唱出心里的幸福和快乐，

有的在这个特殊的日子对暗恋对象倾诉衷肠，有的唱出彝家的幸福生活。稻田里的“对歌”成为一道美丽的风景，背着竹篮的年轻人在这个丰收的日子里兴高采烈。

等他们把稻穗采回家，心灵手巧的彝家妇女就开始忙着把谷子脱粒下来，然后烧起柴火，彝家汉子在大锅中焙炒稻谷，最后舂掉稻壳成喷香的米粒，蒸上新米准备午饭招待客人。祭祀完毕，热情好客的彝家人拉着客人走进家里，一道吃新米饭、喝苞谷酒，感受彝家人的真诚，享受彝家人的祝福。

立腊么“噜泥地”

楚场村的自然村立腊么山寨，海拔三千多米，很早以前山上就居住着傈僳族、彝族村民，男子个个都是武士，人人都是猎手，护卫着自己的家园。但由于山高水远、条件艰苦，祖祖辈辈饮水艰难，人们都寄希望于龙王下雨，于是，就有了农历二月初二这个“噜泥地”的节日。特别是干旱严重的时候，人畜饮水困难，乡亲们渴望下雨的心更切，“噜泥地”活动就更隆重。

祭农具

农历二月初二，传说是龙抬头的日子，是我国农村的一个传统节日，名曰“龙抬头节”。“龙抬头”，实际上是指东方苍龙星象的变化。古时，人们观察到苍龙星宿春天自东方夜空升起，秋天自西方落下，其出没周期和方位与一年之中的农时周期相一致。春天农耕开始，苍龙星宿在东方的夜空中开始上升，露出明亮的龙首；夏天作物生长，苍龙星宿悬挂于南方夜空中；秋天庄稼丰收，苍龙星宿开始在西方坠落；冬天万物伏藏，苍龙星宿也隐藏于北方地平线以下。而每年的农历二月初二晚上，苍龙星宿开始从东方露头，角宿，代表龙角，开始从东方地平线上显现。大约一个钟头后，亢宿，即龙的咽喉，升至地平线以上。接近子夜时分，氐宿，即龙爪也出现了。这就是“龙抬头”的过程。之后每天的“龙抬头”日期，都会提前一点，经过一个多月时间，整个“龙头”就“抬”起来了。后来，这天也被赋予多重含义和寄托，演化成“龙抬头节”了。

由于过去农村水利条件差，农民非常重视春雨，庆祝“龙抬头”，以示敬龙祈雨，让老天保佑丰收，“龙抬头节”也就流传至今。立腊么山寨常年干旱少雨，农业生产又离不开水，因此，人们求雨和消灭

虫患的心理便折射到日常信仰当中，依靠对龙的崇拜驱凶纳吉，寄托人们对美好生活的向往：龙神赐福人间，人畜平安，五谷丰登！

“噜泥地”活动这天，傈僳族、彝族同胞在寨子里用几根巨木搭起一个四米多高的支架，支架上面是一条飞舞的“泥龙”。人们在泉水旁的树上、坡地上，用各种颜色的纸、布和竹片扎成了许多大大小小、神态各异的龙，泉水边供奉着苞谷、土豆、酒水等祭品，泉水前的一小块平地中间供着一缸清水。一棵两百多岁的核桃树下，傈僳族、彝族同胞聚集在这里，用民间原始的祭祀方式，祈求风调雨顺。

树下有一个三平方米左右的泥水池子，水是乡亲们从附近各村的山涧里“借”来祭龙的，意在请求龙王多施雨水、佑护村民。年长的毕摩祭师，在“风调雨顺，五谷丰登……”的一片高亢祈福声中做仪式主持。村民们身背葫芦，头戴用苞谷、土豆等作物做成的帽子，唱着祭龙的咒语，边唱边舞。年满16周岁的傈僳族、彝族小伙子浑身涂抹河泥扮作“水鬼”，手舞足蹈，抬着泥“龙王”，点着香，敲锣打鼓游行，然后在人们的欢呼声、鞭炮声、鼓乐声中，奋力砸碎泥龙。人们诚心相信泥“龙王”已升天去汲水，不久将降洒甘霖到人间。“噜泥地”活动仪式之后，乡亲们又围在一起，男的弹起三弦，女的拉成一圈跳起舞，开始打歌狂欢，企盼来年美好的幸福生活。立腊么村的青年男女能歌善舞，以生产生活的各种姿态为原形，将原生态歌舞赋予了艺术韵味。

祥云特产

祥云的土锅远销东南亚，草帽走遍大江南，世代传承的豆腐工艺和“小炉匠”擦亮的银器，辣子冲鼻香。草帽、土锅、珐琅银器、豆腐、酱辣子、毛驴肉、土碱、泡核桃，蜚声四海……这些手工业产品、美食、坚果成了祥云的特产和标志，打上了“祥云”这片地域的深深烙印。

草帽

祥云草帽既时髦，又文雅，远近闻名。随着市场的拓展，采用进口纯木浆及各类天然环保材料为原料，经手工编织成的祥云草帽，走进大商厦，身价倍增，使草编产品发展为助农增收的产业，深受人们喜爱。

祥云人以麦秆为原料编织成草帽始于20世纪60年代，据《祥云县志》载：“1965年5月，前所供销社从大理县请来编织草帽师傅，在前所公社北溯、周里营、虞旗营3个大队传授编辫技术，80名妇女参加学习，成为县内第一批掌握编织草帽辫子技术的人。此后，前所供销社从省外购进草帽机2台，收购农村妇女编织的草帽辫子加工成草帽。”从那时起，祥云人心中便种下了编织加工生产草帽的情结。

编织草帽，其重要的用料是麦秆。每当麦收时节，农民们在责任田里镰割小麦，“摔”掉麦粒后，把麦秆小心翼翼地打捆存放。农民对麦秆有着特殊的感情，麦秆就意味着收入。祥云的小麦麦秆皮薄细长、质地柔软、色泽鲜亮，是编织的上乘原料。而祥云农村的大多村民都会“编辫子”（草帽制作工序的基本环节），只要不做农活，两只手立马忙碌起来，灵巧的指尖好似在“追光”下神奇闪亮，快速而又从容，人们在地头田间“歇气”、在檐下院坝休闲、摆龙门阵时都可以编草辫，不经意中，便织出一条好长好长的“辫子”，人们将编出的“辫子”挽在手臂上，一圈又一圈……

草帽编织业，带动农民利用闲散时间进行草辫编织，使农村剩余劳动力找到了脱贫致富的路子，长期的工艺实践极大地发挥了农村人的聪明才智，还出了不少草编能手。

祥云草帽，创造了一个很大的市场，村民们把编织的草帽辫趁着赶集天，成捆挑给收购户换成现钱。除草编辫子有名以外，在工艺上，他们摸索创造出了一个“专利”技术：将麦草装入大木柜，用硫黄熏蒸。这一绝活正是为

了使麦草色泽一致，并发出银白色光彩，这是提高草帽质量的关键技术所在。多年来，草帽编织者们一直沿用着这套工艺，无论是麦种的选择，还是麦秆的收割时节，以及熏蒸、筛选都严格按照工艺要求来做。目前已形成编织、加工、销售的一条龙服务，在草编制品公司厂房里，员工们将从农民那里收购来的草帽辫，加工成天然环保、抗紫外线、款式新颖时尚、质感独特的草帽，有的还加上装饰，打上“七彩祥云”的字样，销往通海、德宏、瑞丽、西双版纳等地以及四川、江西、广西和东南亚地区，有的还装入包装箱，直接远销泰国、缅甸、越南等国外市场，使草编制品利润最大化，把草编这种农闲时节的“边缘经济”打造成有竞争力的特色产业，造福农民。

如今，祥云草帽又开发了男女童草帽、礼帽等新工艺、新款式产品，投入市场后，深受国内外新老客户的欢迎。对于祥云人来说，编草帽成了最生活化的人文化景观，祥云人很自然地传承着。电视专题节目《祥云草帽》在中央电视台

❶ 草帽

❷ 晾晒中的草帽辫

七频道播出，呈现的就是一种麦秆编出来的文化，是祥云人最真诚、最质朴淳厚的情感表达。祥云草帽，麦秆编出来的文化，大自然赐予祥云人的一份特殊礼物。

土　锅

祥云土锅，源远流长，蜚声四海，名气不小。早在“古云南”时，祥云人就曾经挑起土锅走夷方做买卖，而今祥云人只要走出“土锅乡”，都被人们冠以土特产品——“土锅”的别称。

祥云的土锅不是村村寨寨都会加工和烧制，只有云南驿镇和禾甸镇的几个村子有祖传的工匠会制作。加工烧制土锅，尤以云南驿镇的余情、东海子、新庄子、禾甸镇的大营庄等不多的几个村子有名。在土锅加工处，琳琅满目地摆了一堆刚捏好的土陶坯子，大大小小，各式各样，大土锅、小土锅、扁土锅、药土锅、茶土罐……这些土锅，外形粗放古朴，憨态可掬，颜色漆黑，做工简单，不必经过特别烧制，只需放在微火上熏黑即可。制作时，用浅色陶土，自制加工的工具，娴熟的技艺……不大工夫，就可以完成。别小看这种外形粗糙的土特产品，用它来做食用工具，可是地地道道的“环保产品”，这也正是祥云土锅的魅力所在。

用土锅熬出来的汤、炖出来的鸡，味道鲜美，清香可口，而且对身体大有益处。土锅煨药，这是医生的嘱咐，因其无化学反应，是对病人身体

土锅

健康最为有益的煨药器具。土罐烤茶那才叫绝，先把茶罐放在火上烤至灼热，再把茶装入，并不停地抖动翻腾，直至茶罐的温度降低后再加热，再次抖动翻腾，反复多次，到茶叶翻黄并散发出香味，再注入沸水，土罐里沸腾起来，阵阵清香扑鼻而来，喝起来有滋有味。如果你闻到或喝到这火候已到的火罐茶（工夫茶）醉人的清香，你会舌底生浸，咽底回甘，一身疲惫随香气溢出。一伙朋友，围席而坐，边品尝，边言论，既提神醒脑，又享受温馨，真是“泉香好解香若渴，火候闲评坡老诗”。最受人们赞誉的当数土锅焖饭了，用土锅焖饭，最讲究的是火候，急于求成切不可取。

今天，祥云土锅虽没有智能电器美观、大方、便捷，却以味美、醇正、香喷喷、无副作用的特点，登上了大雅之堂，成了高级餐厅的“座上宾”。土锅除了做食具外，还加工成花盆形状，以它通风、透气性能好的特点胜于其他材料的花盆，占据市场。总之，祥云土锅，无论用来做食具、餐具、用具……都是受消费者欢迎的土特产品。

土　碱

祥云有一种天然的碱，俗称“土碱”，灰白色扁圆形，像是用粗糙的粉尘做的，一可用来发酵面粉，二可用来洗涤，三还可用来做助消化药。到了碱田，就能见到地里种出来的“土碱”。

祥云的“土碱”只有很少的村子可以制作，因为必须有“硝土”这种自然资源。刘厂镇王家庄村是制作“土碱”最地道的地方。走进王家庄，村里人会告诉你温泉的出水处，挨近温泉的地方就有“碱田”，路两边一垄垄灰白的条形碱田，每一块碱田旁边都有一个制作土碱的滤台。王家庄有温泉，温泉里含碱，而温泉流过的地方“温泉流溢，五谷不生”。传说明朝洪武年间礼部侍郎徐谦的子孙为避政治迫害，辗转来到王家庄生活。清乾隆年间，因为土

地含碱量太高，植物难以成活，徐家人开荒种地却收成甚微，于是徐谦的子孙徐忠获“制碱法”，制出“土碱”拿到集市去卖，换取粮食。

“土碱”的制作工艺古老而又原始：先建好滤台，滤台是在平地上挖一个小深坑，铺上一层木枝（要承重的），四边用土堆砌起来，深坑上边留一个凹槽。温泉水流到碱田后浸泡，经太阳光照射产生白色状粉末——俗称“硝土”，用一种特制的扁平锄头把“硝土”铲起来堆到滤台旁，然后送到滤台的凹槽里，用滤台前面水塘中的碱水浇在“硝土”上过滤，再用滤台下深坑中过滤的碱水反复过滤。等“硝土”里的碱差不多滤完了，把深坑里的碱水挑回家装入准备好的大锅中，加大火进行高温蒸发熬碱，捞出熬好的沉淀物——碱渣，装入小碱锅里澄好降温。铺上草席，用手镯大小的圆圈做模具，把碱渣放入圈子内。圆圆扁扁的“土碱”像粑粑一样被装在竹子制作的帘子上、草席上晾晒，晒干后，就可以装入竹篮子或包装到盒子里到市场销售。

祥云是茶马古道的枢纽，交通便利，以前外地人经常到祥云来买土碱。土碱常用于发酵面粉，虽然颜色没有工业制作的小苏打雪白，但是因其碱中含盐，做出的面食香、韧劲

土碱

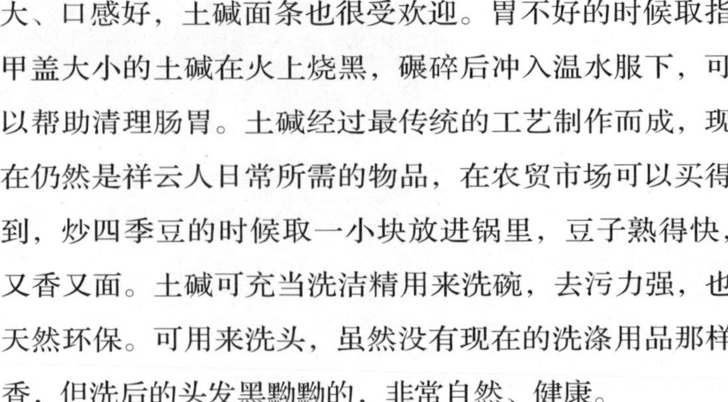

大、口感好，土碱面条也很受欢迎。胃不好的时候取指甲盖大小的土碱在火上烧黑，碾碎后冲入温水服下，可以帮助清理肠胃。土碱经过最传统的工艺制作而成，现在仍然是祥云人日常所需的物品，在农贸市场可以买得到，炒四季豆的时候取一小块放进锅里，豆子熟得快，又香又面。土碱可充当洗洁精用来洗碗，去污力强，也天然环保。可用来洗头，虽然没有现在的洗涤用品那样香，但洗后的头发黑黝黝的，非常自然、健康。

目前，“土碱”制作已经被列入大理州非物质文化遗产，传统制作工艺依然存留至今，任何一种古老的工艺或者技术，只要与生活息息相关，那就能被继承和保留下来。

珐琅银器

曾经，云南驿镇的汪情村和沙龙镇的石壁村、青海营村里有一批“补锅”的“小炉匠”，吆喝着“补锅”到处走村串户，以“补锅”手艺谋生；如今，“小炉匠”们的后代掌握了最巧妙的银器制作工艺，把亮闪闪的精美银器和民族工艺饰品带到了全国各地、带到了欧洲德国莱茵河畔，去向世界讲述祥云珐琅银器制作工艺的“前世今生”。

九龙壶

早在19世纪，祥云的好几个村都有一批“小炉匠”熟练掌握了“补锅”手艺。他们带着徒弟，挑着风箱、炉灶，走村串户。每到一个村寨，匠人们就高唱着“补锅——补——烂——锅”，悠扬的曲调在村寨内走上一圈，然后在能遮风避雨的适当位置，支起炉灶，扯起风箱，熔化铁水，修补通、破、渗、漏的铁锅。由于诚信

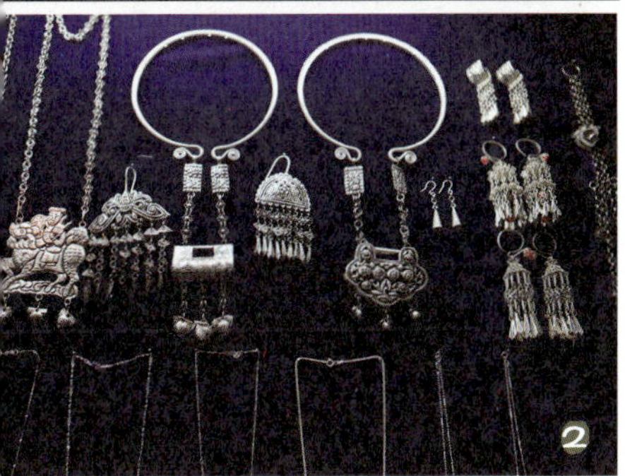

谦和、精心修补，取得了人们的信任。只要听到“补锅——补——烂——锅”的声音，人们就知道祥云的“小炉匠”又进村了，于是找出需要修补的铁锅拿去修补。年复一年，他们熟悉的声音家喻户晓，足迹遍及县内及县外，甚至到达四川、西藏、贵州等省份。

20世纪，云南驿镇汪情村的汪氏家族出了一个13岁就学艺出师的小炉匠汪贵龙，师傅带他走村串户，传授补锅技术，他聪颖好学，随着接触面的增大，对银饰品产生了浓厚兴趣，开始潜心钻研银饰品的加工制作。通过多年的探索、实践，汪贵龙制作出来的长命百家锁、银手镯、妇女围腰链、耳环、耳坠深受人们的欢迎。由于产品美观耐用，需求量越来越大，供不应求，当地很多人都主动向他拜师学艺，他带着徒弟外出串乡，边学边做。汪贵龙师傅带出的徒弟在楚雄、姚安、南华、景东、景谷、思茅等地，开创了一个汪氏银器品牌的新天地。

如今，汪情村的银器制作技艺以省级非物质文化遗产传承人、大理州民间工艺大师汪开荣为代表，他十几岁开始学习祖传的银器加工技艺，现在是祥云县银器加工业的领头人，每年产值约1500万元。汪氏银器产品，以九龙酒具、龙凤碗、珐琅手镯、胸花为代表，在工艺上追求纯朴、粗犷、神秘的色彩，凸显质朴无华、婉丽清隽的艺术特征。在“2015欢乐新春中华非遗德国行”活动中，工艺大师汪开荣带去了银手镯、银碗筷、百家锁，其中有一只能够摇头摆尾，还能转动眼珠，活灵活现的银制麒麟，展示了象征中国文化中吉祥幸福的多件精美银器，引起欧洲朋友的极大好奇和关注。

❶ 麒麟

❷ 饰品

祥云县的传统银器加工工艺具有代表性的除了汪

氏珐琅银器之外，还有沙龙石壁村张氏和青海营村曹氏的银器，也是名声在外，工艺十分精湛。银器的传统手工制作技艺一般分为七个步骤：做模具、下料、压印、镂空、焊接、抛光打磨、包装，造型奇巧独特、纹饰雕工细腻精美。而祥云的银器大师们在传统工艺基础上大胆尝试，对造型及特征进行了细致分析，对工艺类型及装饰手法等展开了系统研究，通过对银料纯度和银坯厚度的控制，提升了银料的延展性，从而提高了银器的表现力，并采用祖传的独门秘方工艺，使得银器保持天然色泽，起到防氧化、防腐蚀的作用，其独特的工艺手法代表了祥云县民间工艺的最高加工水平。

传统手工艺在历史长河中大浪淘沙。近年来，祥云银器发展稳定、品类纷繁、特色突出，在民族工艺中一枝独秀。手工银器作为民族传统文化的载体，体现了独特的历史文化价值，一方面灵活多变，另一方面又保有个性，真正做到了兼容并蓄，自成风格。

天马豆腐

祥云人对吃历来不会马虎，不断追求饮食中的特点，发现蕴藏在平常饮食生活中的美和意趣，突出平民饮食中的人情美。细腻百变的豆腐体现了独有的祥云风味，还蕴藏着浓郁的独特味道和淡淡的乡愁。

佛教圣地水目山山脚下有一个村庄叫“天马”，天马村群众以大豆为业，加工生产豆腐，旧时，天马村百分之三四十的人家都以做豆腐为业。做出的豆腐洁白细嫩、入口生香，深受人们的欢迎，名气不小。长期以来，算是周围村寨最受佳誉的美食，因而天马村被誉为“豆腐村”。

天马村依山傍水，村落较大，是祥云县人口较为密集的村。村里有条狭长的小街，虽然称之为“小铺子”，可市场不算小，街上豆腐产品琳琅满目，水豆腐、卤豆腐、白豆腐、臭豆腐、豆腐皮等应有尽有。豆腐坊主人有的挑起豆腐担到村外去卖，有的用自行车载着沿村叫卖，有的干脆把豆腐坊设在县城里。天马豆腐真是无处不在、无处不有，就连离天马村十几公里的深山村里，也有人骑车载去豆腐，搞活经济。

❶ 天马豆腐
❷ 豆腐皮

天马豆腐缘何这样有名气呢？“豆腐世家”的孙志丹说：天马村先前的名字叫“马坊”，属于古代交通要塞、商贸繁盛之地，因为曾有马帮经常歇脚设有马厩而得名。远在明朝时期，天马村里就加工生产豆腐，由于加工历史悠久，经验丰富，产品细腻，色鲜味美，回味悠长，故而天马豆腐名声大震，留下“马坊豆腐——不需多督”（寓意聪明伶俐，反应快捷）的歇后语，成为祥云人的口头禅。孙志丹家祖祖辈辈做豆腐，子继父业，他做了近四十年，现在做豆腐仍然是世家传承工艺，工序基本与过去大同小异，只是加工工具石磨已“退休”了，由电动机“顶班”，加工出来的豆腐与手工加工的一样，质量不受影响，孙志丹家的豆腐，原料是来自优质大豆，工艺是世家祖传，口感好，原汁原味。

豆腐的制作程序：首先要把大豆淘洗干净，并在大缸里浸泡一晚上，泡至膨胀，第二天早上捞出来，放入机器内（加适量水）磨成浆渣混合物，然后用滤网（过去用纱布缝制成口袋）挤压过滤，豆渣可用来做豆豉或猪饲料。豆汁就用大锅来熬，熬制中锅面上结起的皮可用竹棍挑起晾晒，制

1

2

成豆腐皮，然后把酸浆烧沸，慢慢倒入烧浆里，边倒边搅，直至有豆花形成。若要制成白豆腐，把水豆腐压板即成。臭豆腐（即霉豆腐）又要把白豆腐打成块装入捂制工具豆腐格子里，再用稻草捂上三至五天即成。

天马豆腐，不仅加工有名气，就是在吃法上也是多种多样的，煎豆腐、炖豆腐、麻辣豆腐、腌豆腐、油炸泡豆腐、烧豆腐、小葱炒豆腐、蒸豆腐、凉拌豆腐……还有豆腐皮、豆腐丝、油煎豆豉，特别是水豆腐（豆花）一碗，再加上芥末、冬菜、芝麻油、花生末、桃仁、花椒油、姜丝、蒜泥、胡椒粉，还有祥云辣子酱十多种佐料，美味可口，真可谓“豆腐西施，好吃好看”，堪称祥云一绝。有资料表明，水豆腐除了做食品外，还具有滋阴、清凉、安神、凉血、解毒的功能。

市场经济为天马“豆腐业”注入了新的活力，使天马豆腐业更加兴旺红火。仅孙志丹一家每天平均加工大豆四百多斤，旺季尤盛。他家的豆腐除自己销售外，大部分都是客商到家里直接定购，有的远销外地。民以食为天，在追求营养、绿色食品的消费趋势中，人们越来越青睐富含蛋白质并能预防高血脂等“富贵病”的大豆食品。

勤劳的天马人要把“豆腐村”的美名传扬到更远的地方哩。

酱辣子

一曲云南花灯《游春》唱红了大江南北，蜚声四海，花灯中的唱词“祥云的辣子冲鼻香”，使本来就名声不小的祥云辣子名气更增。明末时，祥云开始种辣椒，可能是因为祥云的土质和气候适应辣椒生长，辣椒产量很高。晚秋时节家家户户晒辣椒，有的穿成串挂在墙上、树上、房檐下；有的摊在场上，通红通红的，像灿烂的山花，像绚丽的彩霞，真是“秋在家家檐下红”。而“酱

乾泰丰酱园招牌

辣子”就是祥云人最爱吃的一道美味。

祥云人不仅种辣椒出名，且喜欢吃辣椒，吃饭时把辣味看得比什么都重要，食辣椒的那股火辣劲十分过瘾。在符中士的著作《吃的自由》中《不吃辣椒不革命》一文对吃辣的评述：“辣椒实在是妙，几条入口就会令舌头发麻，张嘴丝丝吸气，再吃几条后，浑身大汗淋漓，血脉通畅，意气飞扬。因为生活太平淡而厌倦的人，有了辣椒的刺激，生活变得丰富多彩，也会绽开笑脸。”如果把这一评论用来作为对祥云辣子辣味十足的赞誉，也恰如其分。善吃辣椒者中，祥云人也算是有名气的了。

祥云人能种辣，也善吃辣，自然吃出许多辣味来，如煳辣、香辣、酸辣、甜辣、麻辣、泡辣、炒辣、油辣……酱辣子随之产生了。

一个地方的饮食蕴含丰富的地区文化，既有特色的加工方法和特殊口味，还与特殊的人文历史相联系。明朝时期，大量内地汉人移居云南各地，汉族民众渐渐超过了云南本土的任何一个民族，促进了云南各地间的经济文化交流。明末时，云南成为南明永历朝的根据地，成了全国瞩目的地方，众多仁人志士向这里集中，祥云辣子也在这时栽种兴起，随之开始饮食加工，祥云酱辣子产生了。永历朝覆灭后，不少能人退隐山林，散居民间，由于酱辣子具有携带方便、咸辣适宜的特点，祥云酱辣子很快受到欢迎，市场需求逐渐扩大。清朝乾隆时期，酱辣子成为朝廷贡品。清朝末年，由于西方列强入侵，云南的封闭局面被打破，再加之滇越铁路修通，很多土特产品外运，云南对外的经济、文化交流超过了历史上的任何时期，从事贩运的商人、马帮迅速增加，流动人口迅速

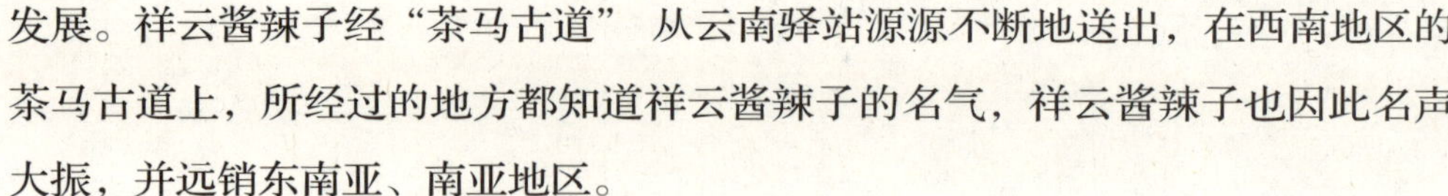

发展。祥云酱辣子经“茶马古道” 从云南驿站源源不断地送出，在西南地区的茶马古道上，所经过的地方都知道祥云酱辣子的名气，祥云酱辣子也因此名声大振，并远销东南亚、南亚地区。

云南十八怪里有“辣子叫作头碗菜”的说法，就是说酱辣子是一种营养丰富的蔬菜，也是餐桌上不可缺少的菜肴和调味品。20 世纪 60、70 年代，北方的知识青年到云南上山下乡，由于生活艰苦，知青父母从城市寄来各种食用品，而子女只把这一土特产品“酱辣子”寄回家回报父母，酱辣子去到了更远的地方。

酱辣子制作简单，是用黄豆酱油浸泡整个青辣椒，加食盐、蜂蜜等配料，集醇香、脆嫩、味甜等特点，密封后待辣椒呈黑褐色，就可打开食用。既代表家乡的乡情乡味，又是云南美食的一个首创。无论在城里还是乡下，酱辣子都是普通百姓每日餐桌上不可缺少的菜肴和调味品，尤其是煮面条、焖饵丝、凉米线等，放上酱辣子，那舒心的滋味不食也会生津。酱辣子不仅能增进食欲，帮助消化，温中和胃，驱寒解表，促进血液循环，也是一道颇受欢迎的菜肴。

酱辣子的味道代表了祥云的乡情，祥云人不管到哪儿，都永远牵挂着这喷香浓烈、辣味十足的故乡味道。

野生菌

“全国的野生菌都集中到了祥云！”这话有点夸张，说的是刘厂镇的野生菌加工业。祥云刘厂镇是云南省野生菌集散地和加工、出口基地，于是彩云大地上的野生菌加工业迅速发展起来，由此带动了菌子火锅的热闹景象。外省人说：“如果来云南没有吃过菌子火锅，那你不算真正来过云南。”省城的人喜欢说：“吃野生菌火锅就到祥云去！”

彩云之下的祥云，山川秀美，崇山峻岭，峰峦叠嶂。山是碧波涌起的山，岭是绿水翻出的岭。在这崇山峻岭中，万物自由地生长，每年夏季，雷声阵阵，雨水下来，无数的野生菌在山峦里生长。野生菌，是上苍赐给山民的一种美食和财富。各种香菌要到哪里采捡？哪里的菌子又多又好？七月，当震撼天宇的雷声滚过，菌子们便纷纷从土里冒出来：它们打着伞、戴着帽、秃着头、举着

❶❷❸野生菌

枝丫，生长在草丛中、栗树边、松树旁。男女老少三三两两结伴而行，戴着斗笠，披着蓑衣，奔向大山腹地捡菌子去。温暖湿润的气候、多种多样的森林类型和土壤孕育了丰富的野生菌，尤其是雨后，祥云漫山遍野都能看见菌子疯长，青头菌、铜锣菌、鸡纵菌、干巴菌、早谷菌、牛肝菌、羊肚菌、松茸菌……

祥云有名的野生菌专卖店专营野生菌火锅，以土鸡肉或腊排骨为汤底料，熬出喷香的汤之后将十多种菌子煮在里面，由素到荤渐进口中，既可品尝到野生菌的鲜美，又可品味火锅的涮肉香。没有鲜菌时，卖冰冻菌、盐渍菌、干菌，一年四季都可吃到野生菌火锅。野生菌生在山林、长在山林，是天然绿色食品，富含多种维生素、优质蛋白质及其他有益于人体的成分，营养丰富，风味鲜美独特。吃野生菌火锅，一定要舀碗汤尝尝，这可是真正的山珍，口感绝对新鲜美味。

烤菌子，是城里人无法吃到的美味。燃上一盆炭火，火焰炙烤着山珍，一朵朵好看的菌子慢慢散发出松林间的香气，十分诱人。烤出来的菌子，比煮出来的和炒出来的都要香，但能烤的菌子，只有铜绿菌和谷熟菌两种，而且是要刚刚找回的鲜菌。烤菌子，先在火塘里用木柴烧一个大火，待烧出些火炭后，把洗干净抹上盐的鲜菌，放在红红的火炭上慢悠悠地烤。当盐全部渗透了菌子的时候，菌子便烤熟了，香气四溢。吃完一朵烤菌子之后，捏菌子的两个手指头，都会忍不住去舔了又舔。

雷声响过，彩云南大山深处每一座山里的大树下、草丛间，到处充满神秘的野生菌香味，进山捡菌子其乐无穷，自己亲手捡来的野生菌与腌制的火腿肉一起烹煮，美味无比。品尝着祥云这一美食，实属人生一大快事。

驴肉香

“天上龙肉，地上驴肉。”是人们对驴肉的最高褒扬。驴肉含有不饱和脂肪酸，尤其是生物价值特高的亚油酸、亚麻酸的含量较高，肉质鲜嫩可口，具有补气血、益脏腑等功效，是久病初愈、气血亏虚者和老年人的食疗滋补佳品。“驴肉火锅”正是祥云的一道特色美食，因质地软嫩、汤鲜味美，很多外地人慕名而来。

祥云城老南街，人们习惯叫食堂街，因为这里食堂林立。食堂街上有一口井叫槐树井，原因是井旁边有一棵老槐树，传说当年红军长征过祥云，贺龙将军曾把大白马拴在这棵树上。

20世纪90年代初，这里开了一家食堂专营毛驴肉。后来，生意就火了，曾创下了一天里吃掉三头毛驴的纪录。据说有一个昆明人，老远从省城赶来，在酒店里等了整整一天，就是为了买几斤驴肉凉片带回去送给亲戚朋友分享。

驴肉是世间美食中的美食，谁不想一饱口福？在一朵彩云之下，一座日新月异的县城里，驴肉馆的老板很亲热，服务员的脸上春风荡漾，跟龙肉媲美的驴肉味美肉鲜。香味啊，飘在祥云县城的大街小巷。

远道而来的异乡人，穿过大街小巷四处打听要找驴肉馆。漂洋过海的高鼻子、蓝眼睛老外，一进城来就比画着要找驴肉馆。那些在县城生活的人们，更是时不时都要去驴肉馆里，一口火锅，一盅小酒，亲朋好友，热气腾腾，美上一餐……

20 世纪 60 年代初，有个村子生产队的一头毛驴失了足，请来兽医也无法让它再站起来。生产队只好把它杀了，驴肉分给社员。但生产队三百多人分一头驴，每人能得多少？何况那是饥饿的年代，那驴肉是怎么吃的？是什么味道？谁也说不出，真如“猪八戒吃人生果”，食而不知其味。

如今吃驴肉，是朋友聚会时的平常事，呼朋唤友，三五成群，围圆桌而坐。桌上大碟小碗的驴肉，耐不住的香，有鲜嫩的肉片，有熬制的驴胶，有油炸的干巴，还有驴筋、驴血、驴骨头汤。圆桌不厌其烦地转动着，慢悠悠地转动着。转着转着，客人们都醉了，为那驴肉香，也为美酒醇。

祥云的驴肉如此味美，是因为鲜嫩的青草？是因为清澈的溪流？还是因为丈量阡陌、撒野田间的四蹄？不管是为什么，驴肉香，依然飘在祥云县城的大街小巷。

彩云红梨

祥云的山巍峨秀美，妩媚的峰峦中，盆地星罗棋布。祥云的土质呈红色，是栽培红梨的最佳地区，红梨以色泽绚丽、质脆肉细、汁多味浓而有名，被称为“云南红梨”“彩

云红梨”。2015 年全县种植面积已经达到 25000 亩，产量达 14000 万吨左右，产值突破亿元，深受市场欢迎。

初春，春光明媚，春色在梨乡点染出无限生机，怒放动人的绿韵。远山青黛，满坡满岭的梨树逶迤而来，光秃秃的枝干上生命的精灵在舞蹈，跳动着青春的旋律。满山梨花像雪一般，漫山遍野地开放，如云海翻腾，景色迷人。农舍掩映在梨树之中，花海尽收眼底，无比壮观。尤其是红水塘里的那片梨园，连空气都渗透着甜蜜的味道，那娇艳欲滴、玲珑可爱、如少女般娇羞的梨花，成了永不褪色的一道风景。一簇簇梨花银装素裹，宛如亭亭玉立的少女，又似披着曳地婚纱的新娘，似仙女凌波，飘浮在山岭梨树枝头，充满诗情画意。投身到花海，满坡的诗意盎然，满山的花香袭人。站在山岭上，看在春风荡漾中开放的梨花，千朵万朵，压枝欲坠，清白如雪，素洁淡雅，玉骨冰肌，靓艳含香，风姿绰约，真有“占断天下白，压尽人间花”的气势。这如诗如画的景象给山村带来了生机，带来了生命的力量。梨花在梨树的滋养下，正孕育着千万颗果实。

“又是一年秋风劲，正值梨果飘香时。”每年金秋，漫山遍野弥漫着醉人的红梨果香，放眼望去，远山近岭、坡上沟底，只见绿叶青翠，密若繁星的成熟果实沉枝，满树金果，到处梨香。每到收获季节，满树结的都是梨子，镶金嵌玉，山如碧玉簪，流彩溢霞，树如摇钱树，硕果累累，缀满枝头，散发出诱人的清香。漫步在原野上，融进宁谧、纯净、秋实的梨园里，采摘果子的工人们从容、忙碌，幸福的笑声从泛红的叶间飞出。来自各地的人们云集到果园，运销的车辆出出进进，把红梨远销四方。

“我家种了十多亩‘云南红梨’，按照农科人员指导的方法进行生产管理，结出的红梨外观好看、品质好，且甜酸适宜，销路比较好，好多人慕名直接到梨园来买梨，梨在树上就被买走了，每年销售红梨的收入可达十二万元左右呢。”大波那村“云南红梨”种植大户眉飞色舞，满脸快乐。随着高原特色农业的发展，祥云政府扶持和引导农民因地制宜发展种植业，不断推出鲜果精品礼品，“彩云红梨”成了农民的摇钱树。“彩云红梨”主要销往省内各地和深圳、广州、珠海等国内大中城市，并出口马来西亚、泰国等国家，深受消费者喜爱。

忙碌的果园，秋山秋色胜春潮，呈现出“高原红梨香”的丰收景象，甜蜜蜜的彩云红梨正带领着人们奔向更加富足的新生活。

米甸“泡核桃”

米甸镇是一个高原小坝子，群山连绵，梯田万顷，物产丰富。利用广阔的山场资源和金沙江流域独特的气候条件，米甸已种植核桃多年，是有名的“核桃之乡”。核桃壳薄、仁白、无污染、营养丰富，特别以壳薄而著称，两个手指只需轻轻用力，就能捏碎外壳，被称为“泡核桃”。

米甸“泡核桃”因品质独特，味道清香自然，成为深受广大消费者喜爱的绿色食品，远销国内外，成为当地农民增收的“金果子”。“泡核桃”生长有着得天独厚的条件。村村寨寨一座座不算陡峭的山上，大多数坡地、箐沟都种有核桃树，房前屋后的空地上也种核桃树，阳光充足，雨水充沛。挂果期，漫山遍野绿意盎然，充满生机，巨大的核桃树上挂满带花纹的青核桃，就像一串串梨子似的，收果的工人抬来长长的竹竿敲下那些青皮，晾晒（或烘烤）之后露出褐色的核桃皮来。一棵核桃树可以打下一大堆核桃，果子悠然自得地躺在秋天温润的土地上，自然，和谐，甜蜜，核桃的

清香味在空气中轻轻飘荡。

核桃的营养价值很高：含有丰富的不饱和脂肪酸，适合高血脂、高血压、冠心病病人食用，是肌肤美容剂，可预防细胞老化，有健脑、增强记忆力和延缓衰老的作用。可乌须发，可顺气补血，止咳化痰，润肺补肾。感到疲劳时，核桃仁能缓解疲劳和压力。

俗话说，靠山吃山。循着从深山里潺潺流淌的溪流行走，树影斑驳，静静地享受晚秋的温暖阳光，高大的核桃树就像一个个伫立在村边的老人、汉子，巍峨挺立，或者倚在村头，或者立在河边，站在大门口，靠在房后头，甚至调皮地立在路中间，或是山路拐角处，到处都可扎根。年年月月，这些核桃树静静地和小山村一起，迎接日出日落，接受风吹雨打，静看夏雨秋霜。“春种一粒粟，秋收万颗子。”山里的核桃在春天里盛开最不起眼的核桃花，细细碎碎，枝枝条条，而在秋季的时候，就结出清香四溢的核桃果来，自然，简朴，为深山里的人们带来一年丰硕的收成。

❶ 走进核桃园

❷ 核桃分级

第四章
秀美祥云

追随五彩的云朵，想起汉武帝梦见“彩云南现”在此设立云南县的传奇故事；听着彝族的山歌，感受当地人对生活的感恩和热爱；身处禅寺庙宇，沉浸于深远的佛理和宁静的禅意。在祥云，能感受到青海月痕的静怡、水目山参天古木间的暮鼓晨钟、天华山的神奇险秀、九鼎山的巍峨与磅礴……

祥云的这份祥和，让远道而来的人们满怀宁静与闲适，身心舒畅。

祥云『古八景』

康熙《云南县志》载："史称登高能赋，可以为大夫，尚通才也，不有胜景，胜情曷寓焉。"古往今来的文人墨客，流连于彩云之乡的山水间，用心用情抒写，特别是对祥云境内有代表性的美景，将之概括为"祥云古八景"，分别是九鼎云峰、万花溪水、金龙泄润、智光钟韵、青海月痕、碧池秋水、清华古洞，用诗歌诵吟祥云的美丽，并定格在心间。

九鼎云峰

"九鼎云峰"，九鼎山位于祥云县城西北15里处，因九峰突兀，望之笋如青莲，高崖雄奇，常有白云萦绕而得名。九座山峰名曰：凤鸣、狮吼、揽霞、招鹤、峨眉、侍仙、中秀、凌霄、飞云。古洞名曰：古佛洞、观音洞、华严洞、碧霞洞、朝阳洞、弥陀洞、隐隐洞、羊乳洞。

九鼎云峰建有九鼎寺，初建于明洪武年间，经正德、嘉靖两度维修，清朝、民国期间又进行扩建，寺宇包括土主庙、妙胜阁、华严阁、三教阁、弥陀阁、碧霞庵、古佛洞、毗卢阁、玉峰阁、千花台等殿阁。古诗中称为"飞阁悬崖，琳宇清幽"。寺前有南北双塔，塔寺相映构成妙景。

登九鼎山顶，祥云坝子一览无余。古代诗人徐凤翔有《九鼎

山》诗云：

一派连山峙九峰，参差禹鼎吐云烟。
云崖虚挂留僧榻，露叶低重守鹤松。
青海祇今沉溟色，疏林是处带秋容。
仆夫不断催行脚，肯许游人缓策筇。

另有一首明代知府黄元治的《九鼎山》更显奇绝，诗云：

一峰高出一峰奇，燕垒蜂房处处奇。
入定老僧那计日，白云封锁几多时？

今天的九鼎山，云峰缭绕，旖旎风光，修葺一新的九鼎寺、南北塔，人文和自然的景致浑然一体，相互辉映，更加引人注目。游人四时不断，每逢春夏，上山敬香和消夏的更是络绎不绝。

九鼎云峰

❶万花溪水

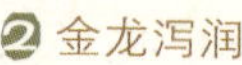

❷金龙泻润

万花溪水

出县城一直往西越过西山，顺着昔日的羊肠小道径直往下走入谷底，一条潺潺的溪水便映入眼帘。《云南县志》载：“万花溪水沙堵灿然，入春红绿掩映，花草绕夹溪滨。”昔人有诗赞云：

万树桃花一宝泉，花开如火喷溪边。
支机石叠回文锦，绚彩云翻倒影天。
谁挽赤江三闸古，每邀青盖六亭连。
及时雨露多多种，便得春风慰眼前。

古代诗人对于万花溪水的赞誉一点也不过分。现在的万花溪，溪水潺潺，清流淙淙，滋润着远近沃野田畴。沿着万花溪逆流而上，茨坪村北边的小官村水库碧波荡漾、湖光山色，九鼎山影映水中，舟行水面，倒影粼粼，清风徐来，令人心旷神怡。若漫步溪畔，翠峰耸峙，棕柏松栗，错落有致，稻香扑鼻，叫人流连忘返。

金龙泻润

“金龙泻润”，金龙山位于祥云县城龙岗后过溪沟以西三里处。山脚有泉流泻，灌溉田亩。旧时泉边有龙宫梵宇，翠山溪畔，山间云蒸霞蔚，霞映阁川。古时有诗曰：

龙成自是飞天上，洞里潜鳞透爪牙。
到处花生资霖雨，当年故里漫泥沙。
源泉万斛倾随地，粒食千秋祝满车。
亦有风雷烧尾后，云间更沛泽无涯。

以上皆为志书所载，仅作史料，现“金龙泻润”之景仅存遗址。

智光钟韵

智光钟韵

据《云南县志》载：“晓寺钟鸣，流风送响，余韵悠然。”在静谧的阳光中，晨风拂面，听着不远处传来的晨钟声，久久回荡在无垠的田野之间。

清道光年间，祥云名儒王地山描述当时“智光钟韵”的景象，诗云：

东西南朔浑无外，唐宋元明历有年。
远际流通青海岸，高时遏住彩云天。
惊回梦幻风尘定，宜闯禅关月杵圆。
不是长鲸胡乱吼，秋冈稳做老龙眠。

马羲乾也有诗云：

一声佛号压尘灰，唤醒沉迷五夜回。
应是智光藏暗处，谁能撞扣吼狮雷。

“智光钟韵”，旧时位于祥云县城城西，现仅存遗址。

青海月痕

青海月痕

《云南县志》中关于祥云青海湖的描述：“在县之东南青龙海，水光如镜，秋月涵之，更觉澄湛。”据记载，青海湖曾被称为青湖、青龙海、青海，因湖水终年清澈，景观优美，自元代起而得名“青海湖”，自古就有“青海月痕”之美称。

青海湖四周被村庄包围，湖中水平波静，清澄见底，田园村景倒映，农家湖面打鱼撒网，岸边吸水灌田，静中有动。青海湖盛产鲫鱼、鲤鱼、青鱼，特产莲藕、芦苇，是水生动植物的“乐园”。湖畔翠竹苍郁，杨柳依依，湖面宽阔，碧波万顷，树木青葱，四季风光，美不胜收。每当秋高气爽，月桂柳梢，荡舟湖中，月光倒映碧水，波光随桨闪动，更添情趣。昔人有诗曰：

月出东山上，水光色宛然。
春江花月夜，风雅宜人逛。

秋季夜晚，到青海湖畔，欣赏“青海月痕”的美景。月亮从东边升起，薄薄的淡月，倒映在清浅的湖水中，岸边静静地矗立着几棵微绿的树木。天上一个月亮，水里一个月亮。清风徐来，水波微漾，水天似乎合为一色，夜色如水，唯有月光清凉，挂在中天。徜徉在这样如诗如画的情景中，怎不叫人浮想联翩？正如清代县志里引用前人的诗句："恍疑龙抱骊珠卧，照映秋林桂子黄。"

碧池秋水

碧池，即龙池，旧时位于祥云县城西南三里处，现仅存遗址。有文记载，当时的碧池秋水，深不可测，至秋天更为湛碧，旁建有宾泉行宫。昔日有诗云：

秋水澄空一色碧，碧池不断四时秋。
旁钟大泽为青海，下瞰方城是镜州。
及至金戈戎马靖，仍还玉洱卧龙游。
南云现彩呈祥瑞，或有天光绚里头。

清华古洞

清华古洞是自然溶洞，位于祥云县城西南三公里处。明代李元阳对清华洞有这样的描述："清华洞山在县南八里，下有洞，洞阔可十丈，山仅培塿，洞中深邃不可测，悬崖滴乳，形之飞动如云烟。"

清华洞前洞时窄时宽，时而躬身而行，时而侧身而过，脚下绿苔层叠，微显湿滑。狼狈行时，时做匍匐状，手脚并用。洞壁大洞套小洞，有的可以互相串通，有的单独岔向远方，别有情趣。洞内怪峰突崛，石笋倒挂，悬崖滴乳，落水有声，石壁、石笋、石花、石柱、石台天工自成，琳琅满目。后洞岔为二支，崎岖逶迤，深邃莫穷。洞内顶部有一处石窍通光，名"碟大天"。

另有一首诗《清华洞》："清华洞，深且密，神工融，鬼斧劈……乾坤正气常在兹，镇静天西自无极；行之洞口更升巅，笑看扶桑红日出。"

明代旅行家徐霞客曾两次探访清华古洞，据《徐霞客游记》载，明崇祯十一年（1638 年）腊月，徐霞客投宿云南驿，在水目山听无住禅师说起清华古洞后，次日便步行冒雪下山，来到清华古洞，进行了一次深入的探访。1639 年农历八月，徐霞客在游历了鸡足山等地后，又绕道来到清华古洞，再次进行了探洞考察。

清华古洞

叶镜湖天

叶镜湖天，又名“月镜壶天”。叶镜湖，位于祥云县城东南35里处，今320国道旁，现储水为塘，方余三十亩。据传，湖畔有石如镜，作蔚蓝色，以水涤拭，湖光山色一一毕现。又载：“段思平得神马于叶镜湖。”（段思平，白族人，大理国建立者，建都大理，传段思平在此湖得神马助力，灭大义宁王杨干贞。）

另有描绘“叶镜湖天”绚丽风光的绝句，诗云：

叶浮镜面镜湖滨，石镜巉岩别有神。
品藻分明今古鉴，毫毛倒竖往来人。
如将鼓铸娲皇冶，不可磨灭宝月轮。
我本无心心即是，灵台炯炯历风尘。

青海湖的月亮

康熙年间，在《云南县志》里，曾经这样记载青海湖的月亮和湖上的粼粼波光："在县之东南青龙海，水光如镜，秋月涵之，更觉澄湛。"青海湖之前曾被称为青湖、青龙海、青海，因湖水终年清澈，自元代起而得名青海湖，自古就有"青海月痕"之美称，而那个"年年江月照我家"的月亮，永远是青海湖上最令人心动的美丽容颜……

当代作家韩少功曾用月亮做过一个巧妙的比喻："月亮，是别在乡村的一枚徽章。"

久居城市的人能够看到什么月亮？即使偶尔看到远远天空上一丸灰白，但暗淡于无数路灯之中，磨损于各种噪音之中，稍纵即逝在丛林般的水泥大厦之间，不过像死鱼眼睛一只，被丢弃在五光十色的垃圾里。

只要还身在乡村，月光就还是人们生活的重要部分。禾苗上飘摇的月光，溪流上跳动的月光，树林剪影里随着前行而同步轻移的月光，还有月光牵动着的虫鸣和蛙鸣，无时不在人们心头烙下思乡的月痕。

只要还身在乡村，就会看到月亮从树荫里筛下满地光斑，闪闪烁烁，飘忽不定；听到月光在树林里叮叮当当地飘落，在草坡上和湖面上哗啦哗啦地拥挤。

只要还身在乡村，伸出双手，就会看见每一道静脉里有月光在流淌。

以上所描摹的是乡村的月亮，也是青海湖的粼粼波光。

古人不见今时月，今月曾经照古人。江畔何人初见月，江月何年初照人？人生代代无穷已，江月年年望相似。

天上月圆，人间月半。置身于青海湖的波光月痕中，今夜肯定不能入眠。自从“床前明月光”惹出思乡之愁，这愁便一直绵绵不绝。背井离乡的人望着那圆月，看着圆月散发出的淡淡清辉，乡愁，便溶溶漾漾弥散开来。会想起“弄儿床前戏，看妇机边织”的天伦之乐，更生出了“月是故乡明”的感叹。

如果住在水底，该有多好。记忆像水草，从一个月亮走向另一个月亮。一轮圆月泊在青海湖的粼粼波光里。

不是所有的夜晚都能枕山而眠。整个夜晚与青海月痕为伴，晚山倦了，夜气漫卷，四野寂静，只剩山水的清寂空灵在邈远中苏醒。侧耳细听，仿佛能听到清露在叶尖滚动滴落，林鸟在巢穴轻微侧身，三两根鸟羽随风飘零。

突然被月光惊醒，眼前一汪水白，睁眼便置身在洪荒孤岛，没有预兆，不容商量，也没有半点声息。月光宁静清冷，水般柔润又凛然孤傲，静成无波的湖面，又仿佛一场大雾席卷了森林。

此时，月光微弱，草叶的气息清凉如洗。大自然的纯粹静美对于能感应它的人来说，是多么慷慨的恩赐！于是不再有梦，回应自然神秘的招引，踩一地清浅月辉，踽踽独行。

月光浩大起来，无边无际，漫漶无涯。周围的凤山与龙兴和山似下了一夜薄雪，寒林清旷，朦胧邈远，又像笼罩着淡乳色的轻雾，如梦似幻，有一种烟景迷蒙之美。

❶ 青海泛舟

❷ 天上飞来金丝鸟

青海湖的月亮继续冷亮孤清，在淡青色的天幕之间显出几分孤独，又带着决然不同流俗的美艳冷傲。周围寒星数点，淡而苍白，但那仅是陪衬而已，它们和冷月彼此保持着拘谨的距离，并随时做好天光一明就要撤退隐遁的准备。清冷的月光宁静如水，又如乐如歌，如清音袅袅。蛰伏的草虫以及自由的林鸟还在酣眠，尽管东方已渐露鱼白，月辉却让它们睡意沉沉。

此时，青海湖的月亮在半梦半醒间。

也只有此时，才能更深刻地理解时任民国首任云南知事路承熙的这首《竹枝词》：

青海波光接太虚，荷田蘋渚艳秋初。
渔舟傍晚鸣榔集，风景江南画不如。

云洱无双地 匡州第一山

——天华山石龙倒挂奇观

天华山又名南华山，史称“南华胜迹”。史料记载：天华山在城南五十里，双峰对峙，悬崖峻峭，有石龙倒挂，悬崖滴玉，三庵古洞，东西石楼诸胜，明御史李素隐居其上，著有《南崖奏议》《春秋心诀》。

巨灵突兀显奇踪，绝壁千寻倒挂龙。
漫谓石顽无雨降，须知洞古有云从。
画形僻好情犹幻，豢养专司术更庸。
孰若乾坤同不朽，屈伸变化意消熔。

此诗名谓《石龙倒挂》，乃明朝诗人刘善溥咏祥云天华山“石龙倒挂”之奇观。天华山是一座有灵性的山，大凡灵性之山都有传奇色彩。西汉元封元年（前 110 年），汉武帝派使者到西南蛮夷之地追踪南现五彩祥云，元封二年（前 109 年）设置了云南县，向外人展示了一片七彩祥云缭绕下的秘境。蜀汉建兴三年（225 年），武侯诸葛亮南征，在云南县设置管辖滇西北的云南郡府，天华山就留下“诸葛寨”“七擒孟获、征服孟获”的传说及诗话，让美丽祥云充满了神奇色彩。唐武德七年（624 年），古云南县改称“匡

石龙倒挂

州”，而此时落脚生根的道教在天华山已称雄于古云南县和洱海地区，赵真人雪乾在天华山修炼留下了宫观仙坛和神台。

明代崇祯年间，后继的出家之人出手，建造上玉皇阁、王母阁，修下星君阁，在上、下之间建造了观音阁，创造了天华山儒释道三教融合的圣境。也是明朝年间，隐居在天华山圣境中的御史李素写作《南崖奏议》《春秋心诀》成功，一鸣惊人，道教圣地天华山随之名扬四方。

天华山远在唐初、近在明清，都是古云南县和洱海地区的道教名山，“周围悬崖壁巅，古迹仙踪”，皆为一方世外“小洞天”。上、中、下宫观楼阁就在悬崖之下，河谷峭壁悬空之上。古往今来，逸人幽客、方外羽流对天华山的奇险难以名状。在苍苍石壁上，古人刻下了“云洱无双地，匡州第一山”几个遒劲有力的大字，道出了天华山在洱海地区众多山峰中的奇险和重要。

天华山处处皆古迹“仙踪”。古代真人开凿登山通道，石级约两百级。与石级相连的上、中、下宫观楼阁，或借峭壁之险，或假狭隙岩洞之奇，与自然景物浑然一体，毫无斧凿之感险。既不完全是宏伟的宫殿，也不是一般的神祠和简单的茅庐洞穴，上、中、下三宫层次分明，各成一方相对独立的洞天。既呈现天人感应的思想观念，也展示了道教落脚天华山的古老渊源，真乃“天下仙上为第一，人间胜景世无双”。

反映道教神仙思想、洞天福地的五言“游仙诗”，源于汉代以前，繁荣在魏晋阶段，不拘五言一格地兴盛在隋唐。沿古人留在天华山的众多五言七言“游仙诗”的线索，会游入一方悠久而独特的宗教文化历史，

悬空道观群

会惊叹大自然的神奇妙景，会深入浅出于真人营造的圣境、百姓延续的香火。

天华山胜景由仙床云卧、石龙倒挂、石屋天窗、石珠夜明、诸葛营寨、古洞三庵（观音洞、灶君洞、玉皇阁、罗汉洞、四官洞、玉皇洞、太子阁、王母阁）、悬崖滴玉、东西石楼八大胜景和豆大天、仙人脚印、石虎登山、石钟石鼓等奇观组成。两峰对峙，怪石林立，钟乳高悬，岩洞幽深。道观对面，营盘山险峰之上突出矗立的几尊巨石，好似传说中的诸葛亮在运筹帷幄，又好似炼化成仙的道人飞腾而上，在绝壁顶上等候南天门的洞开。

天华山上，崖壁古寺相映成趣。道观群上庵后绝壁上有两条钟乳石，酷似倒挂着的一条龙，这就是与水目山“铁树开花”一起合称为祥云双绝的“石龙倒挂”奇景。在悬崖峭壁上，这条石龙自上而下，首尾鳞爪栩栩如生，仿佛乌龙由天而降，冲向峡谷。这条石龙，在古代早期展示洞天福地的道教仙境里，便被赋予了浓郁的神气仙风——传说这条石龙是“服从诸葛亮调动、破了孟获山猿野豹豺狼怪阵”的黑龙。至今，每年农历正月初九，当地人都要举行隆重的祭祀石龙和石龙挂彩仪式，挂彩之人徒手附岩攀壁，将红彩挂于龙头，惊险绝伦，扣人心弦。

除明代诗人刘善溥外，历史上还有很多诗人也曾描绘过天华山奇景，给后世留下了歌咏天华山的精彩诗句：“对峙山藏珠焕彩，石龙探取繁岩巅。”“妙境天华古洞仙，古珠夜明照南滇。”“龙飞倒挂珠明夜，玉滴高悬石化融。”“龙蟠险岭明珠现，玉滴悬岩妙药金。”这些诗句为天华山增添了许多灵韵。穴居生活，悬棺，殿宇，实际上代表了人类向文明迈进的一个个环扣，它连接成一条人类的文明之链，演示了人类从蒙昧走向今天文明的历史过程。天华山之所以能够积淀如此厚重的文化底蕴，还是归结于这清幽的秀水灵山。所有的人工雕琢，在天华山面前都显得不足一道，这鹰燕盘旋、百鸟来朝的幽谷，岩间洞穴中，至今居住着珍稀动物猴面鹰，还有那些为大自然增色的飞禽走兽。

摆脱熙攘尘世，来到这世外桃源，一起《寻梦天华山》——

天堂有梦竞相绽放
而你是其中绚烂的一朵
孕育天地最美的语言
啜饮溪流迷人的芳香

有谁见过峰回路转
有谁见过绝处逢生
柳暗花明或许是一个美丽的谎言
而谎言在这里竟然成真

倒挂的石龙出没于云雾缭绕间
一则则神话在绝壁之上扎根
当道观里的钟声被风无声吹响
苦度的众生啊
你可感受到无所不在的慈光

秋色

道教圣地天峰山

天峰山位于祥云普淜镇境内，有“南来道教第一山”之美誉，主峰海拔2578米，山体似一只倒置的毛笔笔尖，与山间纤纤玉笋可争长短。天峰山地势险峻，有高耸其巅、万山拱伏之势，位于祥云、姚安、南华三县交界处，山上古木参天，花香鸟语，环境清幽，千霄峻阁，素以神、奇、秀、美著称。

“山自几时有起，峰从何处飞来？”

每次到天峰山，这句话都会脱口而出；每次登天峰山，这个朴素的问题都会萦绕脑海。就这么一个看似简单的问题，一直困扰着喜欢追根究底，喜欢思考事物起源的人类。

是谁，牵引着大地板块在地心运动，岩浆喷薄，一座座造型各异的山峰便瞬间突兀，与山峰同样奇绝的是眼前这副对联：

山自几时有起，峰从何处飞来？

天峰山，又名玉笋峰，俗称老君山。从名称即可看出，天峰山形似一只玉笋，造型奇特。书中记载：“地势陡峭，山川奇秀，异峰突兀。”天峰山是西南道教名山和风景名胜，

三天门

山上的道观、楼阁、殿宇等道教建筑，大多建于明清时期。建筑群尤以木雕技艺精湛而著称，另一显著特点是石雕艺术品众多，有前狮（思）后象（想）、七星灯、南斗、北斗、石柱、石门、石窗、石匾等等，都有较高的艺术价值和历史价值。

在云南美丽的众山中，天峰山或许是普通平凡的，是不值得用奢侈的语言文字表述的，就像高原的河谷野地间随处可见的一块石头，与其所处环境里的其他石头没有显著的区别。但是，天峰山作为生命个体的精神影像的一面却是厚重而不容忽略的，是可堪以绵密的思绪编织、用浓黏的情感濡润的。它是实实在在的故土。多少年来，天峰山坚固地住在村落的背后，为善良的村民遮风挡雨。平常与普通本身就是一种特色，一种大美，而能发现这种美、欣赏这种美，则需要达到一种境界：爱真实的自然，爱真实的人生。保持这份难得的普通与平常，不要用精巧的亭台楼阁取代那简朴的农舍，不必用荒诞不经的故事粉饰那天然的岩壁，让天峰山这普通的山景以它的原汁原味延续它永恒的生命力。山始终是山，它的起源

大多超越了人类的历史，它的历史大多超越了个人的想象。

天峰山的老君殿始建于明万历年间，据《神人胥悦》碑载：“明万历年间，有一夷人牧羊入山，遇一白发老翁跨牛而过，谓此山为仙都也，老翁转瞬不见，意为老君显灵，遂告乡绅，当地乡官绅士即兴土木而建。”建筑以典型的道观风格为基调，前有“三天门”，后有“应天柱门”，中间是玉皇阁、老君殿，左边是药王殿，右边是灵官殿。老君殿为单檐歇山顶的木构建筑，前檐柱为一对双龙抱柱，殿前高悬“道德五千”巨匾，供奉道教始祖太上老君，故名“老君殿”。右有石雕功德坊，穿坊而入为雄伟的玉皇阁。下层为长方形歇山顶，上层为八角攒尖顶，无斗拱造型。金碧辉煌的道院、阁楼、殿宇建筑，雕梁画栋，檐角飞空，错落有致，院落紧

老君殿

扣，亭台楼阁，宏伟壮观。

特别是天峰山建筑群的石刻，线条流畅，生动灵活，工艺精湛，美不胜收。那雕刻着龙凤、人物花鸟的圆形、方形石柱和石门、石窗上的石雕上百幅，其精湛的装饰雕刻技法，既有简练粗犷，又有精雕细刻，使整个殿宇更显庄重典雅而又富丽堂皇。石雕是一代石雕艺人创造的民间优秀文化，是有生命、有灵魂的艺术，是一种具有雕刻语言的石文化。这些雕刻，无论是刻工技艺还是描绘表现手法，都堪称旷世绝作。

每年农历的二月十五，天峰山还举办一年一度的“歌会”。“天峰山歌会”是少数民族的传统节日，来自四面八方的彝族、汉族同胞汇聚在此，一起参加道教的诵经拜唱活动，然后打歌狂欢、对歌谈情、踏春赏景。天峰山歌会起源于道教活动“老君圣诞会”，已延续五百多年的历史。歌会期间，热闹非凡，人潮人海，歌声漫山。能歌善舞的彝家人身着节日盛装，手拉手围成圈，芦笙、三弦、笛子奏着悠扬动听的乐曲，踩着舞步，尽情欢跳，常常通宵达旦。来自四面八方的彝族男女青年通过对歌相识，然后相恋，开始了浪漫的爱情旅程。

❶ 龙胜门

❷ 歌会

到九鼎山看洱海

九鼎山，位于祥云县城北10公里处，属横断山系云岭余脉。整座山形似莲花，因山势险要，山脉有九峰鼎立，故有九鼎山之称。九鼎山海拔3117米，因九峰并峙，也称九峰山。据光绪《云南县志》载："九峰突兀，望之簇如青莲。"九鼎山的美景被称为"九鼎云峰"，是祥云"古八景"之一。

每一滴水里都蕴藏着一座天堂，每一座山上都居住着一位神灵。

七彩祥云，九瓣莲花。这是祥云境内的一座奇异山峰，山峰陡峭，山势险峻，风光绮丽。据记载，历史上华严阁、昆卢殿、智光寺等名胜古刹就坐落在九鼎云峰。沿着古人在石岩上凿出的石台阶攀登，奇峰怪石之间，先辈建盖寺院的石基清晰可见，大大小小的建筑遗迹随处可见，每一位游客的心里都充满了历史的沧桑感。

遥望九峰，以形命名，分别是凤鸣峰、狮吼峰、揽霞峰、招鹤峰、峨眉峰、侍仙峰、中秀峰、凌霄峰、飞云峰。九鼎山，给人一种山中有山、云驻山峰的感觉，众多的山峰重叠在一起，恰似一朵吉祥的九瓣莲花。

乘车行驶在楚大高速公路上，在祥云境内的小官村水库

九鼎山

附近路段，便可看到九鼎山的秀美风姿。映入眼帘的九鼎山，峰峰奇险，岩壑峥嵘，山峦叠嶂，悬崖陡壁，险不可攀。

九鼎山不止有九峰奇绝，更有神秘溶洞。洞有碧霞洞、观音洞、朝阳洞、弥陀洞、隐貌洞、羊毛（乳）洞、雪花洞等，每洞皆隐隐透出神仙之气。清朝诗人王谦曾有诗《九鼎云峰》描述其景：

得地居然临城外，观天却只在山中。
朝阳洞口无关锁，利济桥头有路通。
箐出桃花尘世界，庵连玉局梵王宫。
白云老叟惟高卧，何必纷纷夕照红。

在莽苍的九峰山间，隐藏着一座古老寺宇，因寺宇位于九鼎山，故名九鼎寺。九鼎寺初创于明洪武年间，经正德、嘉靖两度维修，清朝、民国两代又进行扩建，寺宇包括土主庙、妙胜阁、华严

阁、三教阁、弥陀阁、碧霞庵、古佛洞、毗卢阁、玉峰阁、千花台等殿阁。

九鼎寺前有九鼎双塔，塔寺相映构成奇观妙景。早在元朝时建有南北二塔。明朝李贽曾在《九鼎山感元事》诗里描述："元碑元碑风雨剥，古塔古塔九鼎错。"九鼎山北塔，原塔已毁，今天看到的是根据史料修建的新塔。而南塔则基本保留了历史的原貌，塔的四方形基座边长 1.9 米，每级塔檐均用三层方砖出挑成檐，一至六级每面有龛洞一个，内有陶制浮雕观音佛像，塔刹为石质顶，塔形秀美，塔体庄重，体现了"塔寺一体"的传统建筑风格。

风从东边来，风从南边来，风从西边来，风从北边来。

登临九鼎山顶，祥云坝子和洱海坝子一览无余。

到九鼎山看洱海，听洱海涛声，今夜，将枕着洱海的涛声入眠——

靠着你的肩膀
今夜我是一朵浪花
在你怀里
呢喃说着痴情话
九鼎山上的月亮告诉我
她看见苍山顶上的杜鹃啦

靠着你的肩膀
今夜我是一片雪花
在你怀里
肌肤一寸寸融化
九鼎山上的月光告诉我
祥云的彩云飘到洱海啦

九鼎山，洱海碧波旁
旧时明月在天上高高挂
明朝清风吹不动戍边将士的铠甲
飞檐上的钟声诉说着曾经的繁华
靠着你的肩膀
我回到了梦里温暖的家
在你的怀里
一寸一寸融化

IX

第五章
红色记忆

“祥云”二字祥和，云蒸霞蔚，与这片土地上飘荡的祥云一样绚丽多彩。汉王朝留下这诗情画意的“云南”二字，有着话不尽的历史沧桑和趣事，为“祥云”升起的地方，抹上一层浪漫与柔性的色彩。祥云文化灿烂、人杰地灵、英雄辈出，是具有优良传统的福地。

在黑暗的旧中国，“红色”象征着革命、烈火、激情。在这片彩云南现的土地上，成长了一批批英雄儿女，构成了一道多姿多彩的人文景观。他们的英勇事迹永载史册、彪炳千秋，他们的精神与山河共存，与日月同辉，留下的是“碧血丹心垂青史，高风亮节启后人”的壮丽篇章。他们用生命铸造的民族精神和革命理想将永远激励着祥云儿女奋勇前进。

英烈故里王家庄

凡到祥云，想要了解云南革命史的人，最先都要到英烈故里刘厂镇王家庄，接受红色文化洗礼，追思英雄事迹。王家庄村，是早期革命先驱王复生、王德三和王馨廷三兄弟的故乡，他们从凝聚记忆的“小家”出发，投身到承载理想的“大家”，在中华民族的革命斗争史上谱写了壮丽诗篇，他们的红色精神永远激励着祥云儿女奋发图强、勇往直前。

祥云下川坝子有名的自然露天碱质温泉，位于王家庄三英寺南二里处的石窝子，至今仍有石砌的水潭。此处产碱，清朝中叶，被乡人用来生碱的碱田达二百余亩，所产“土碱”色白、质纯、味正，有较强的消食解结功能，亦可用于去污洗涤，用来调和发酵麦面，蒸出的馒头泡松而香，颇受欢迎，远销三迤乃至川康，使王家庄有“滇西土碱第一村”之盛名。游人于温泉中舒舒爽爽游洗过，漫行在铺碱如雪的碱田里，看宽锄抛沙、秤杆起水、热泉环沟、土台过滤、群锅沸熬、铁环制碱粑等一系列工序，感觉全然不是一种以经济利益为目的的生产劳动，而纯粹是独有的地域特色文化。

一条水泥路直抵刘厂镇王家庄自然村。从村口路旁写着“英烈故里”几个鲜红大字的青色巨石后进入村里，村道两边多幅字画彰显着红色文化基地的气氛。三英寺已有一百多年历史，柏林以其深厚苍绿四季掩映着寺院，经百年日月风雨，染满了浓浓苔迹，但依

王复生、王德三烈士的故居

然飞檐展角，气势不弱当年，与古柏互衬同美。

徜徉在浓荫古寺和迤逦的碱田里，一景一物，都会使人想到从这个小村子里走出去的革命志士。20 世纪初，在王家庄王、胡、朱、张四宗姓中德高望重的王之湝老人（号香泉），带家中妇孺种稼、织麻、熬碱，支持三个儿子（王复生、王德三、王馨廷）走出小村、走出滇西、走出云南，乱世求学，寻找拯救国家振兴民族的方略。王复生、王德三因功勋卓著，精神永存，是这方温泉土地的骄傲。

离开碱田，经过功德牌坊，楚图南题写的一幅展画特别显眼：“碧血千秋，英烈万古。”巷道左边，雪白的墙上多幅红色文化字画引领游客沿巷道而上。其中一幅由族人题的

《名门颂》：“美西贡爷荣膺坊，香泉惩匪建民团；复生德三王馨廷，一门三杰华夏扬。”洋溢着王氏族人的荣光和骄傲。再往前行右拐，一座被列为“省级文物保护单位”的传统农家院落进入眼帘，这就是被中共云南省委组织部、省委党校命名为“云南省干部教育培训现场教学基地”的祥云“红色传承”现场教学基地，由王德三、王复生烈士故居和教育馆两个教学点构成，展现了“信念坚定、对党忠诚，牢记宗旨、一心为民，胸怀大局、恪尽职守，严于律己、大公无私”的革命精神。

故居大门上方悬挂“王复生王德三烈士故居”牌匾，两边行书对联“先驱精神永在，英灵浩气长存”，给人肃然起敬之感。进入大门，门内两边挂有“碧血千秋，英烈万古，革命先驱永垂不朽，高举马列主义大旗，继承革命先烈遗志，永保社会主义江山不变色”“云南人民解放之路的开拓者和奠基人，云南革命火种的播火者，一门三杰誉满大地”字幅。在彩灯的辉映下，门内整个通道火红，喻示这里就是革命先驱播火的地方。

进入四合五天井的传统院落，前后院为小花园，两层土木结构，一架楼梯跑两院通四楼，建筑风格平实而雅致。在 19 世纪末，播火先驱两兄弟在这座院落里先后诞生；在这座院落里，烙下了

梦里水乡——王家庄

他们童年的印记；风云激荡的年代，他们从这座院落走出，成了在中国共产主义运动史上功勋卓著的革命英烈，被誉为“祥云人民的优秀儿子、马列主义的播火先驱、无产阶级的先锋战士”。

长子王复生 1918 年考入北京大学，1921 年 7 月加入党组织，是云南省第一位中国共产党党员，在东北地区坚持革命工作。1936 年 6 月，不幸被捕。8 月被日本宪兵杀害，牺牲时 40 岁；次子王德三 1921 年考入北京大学，加入北大“马克思学说研究会”。1922 年加入中国共产党。1928 年夏赴苏联莫斯科，出席中国共产党第六次全国代表大会，回云南后被选为中共云南省委书记。1930 年 12 月 31 日牺牲，时年 32 岁；三子王馨廷在兄长的带领下 14 岁赴京求学，在学生运动中受伤，1924 年秋去世，年仅 16 岁。王氏三兄弟的革命历程叫人感慨！

展厅雕塑

故居展厅庄严肃穆，四合院正厅门上方“华夏英杰，一门三雄”的烫金字闪闪发光，前面柱子上的对联：“为民族解放兄弟共捐躯丰功伟绩垂青史；留浩然正气民家颂英杰革命精神启后人。”昭示着整个展厅内容的中心。展厅的内容

主要由“马列主义的播火先驱，王德三烈士生平事迹”“马列主义的播火先驱，王复生烈士生平事迹”“一门三杰誉满大地”“永恒的纪念”和“媒体影视厅”五部分组成，展示了王氏三兄弟为追求真理、传播马克思主义，为中国共产党的发展壮大和建立新中国而奋斗；为革命事业舍小家、为大家、舍小我、为天下，而奔走于大江南北；为了国家尊严和民族独立，把忠骨化作丰碑，在人们心中获得了永生，留给人们的是无尽的追忆、缅怀和敬仰。

如今，王家庄已被列为云南省“红色文化旅游之地”“云南省社会科学普及示范基地”和云南省“红色传承”现场教学基地。

村子正中间新修建了一个文化广场，建有圆形门，前后门框上的两副对联不仅彰显着王氏兄弟的伟大人生，且激励着后人：

同出一门，同擎一帜，是血火弟兄，北融寒雪南燃炬；
堪称无畏，堪誉无私，怀英雄气节，魂绕祥云志励人。
英魄已复生，其德有三，怀仁蹈义求真理；
壮心将永续，所图无二，富国强民创大同。

王复生、王德三、王孝达等二十多名祥云籍志士，先后沿着云南古驿道去昆明、北京等地求学、求真理，投入到1919年在北京爆发的“五四”青年运动，投入到中国共产党领导的反帝、反封建、反官僚资本主义的革命，定准了自己“起向高楼撞晓钟，不信人间耳尽聋”的人生志向，传播和输送真理的火种，用鲜血与生命激励后人前赴后继。王复生、王德三兄弟二人的事迹已被载入了中央电视台纪录片《永远的丰碑》，这在云南是独一无二的。

2011年12月，历史文献纪录片《云南源·祥云魂》在县城北“王孝达故居”开机拍摄，影片记录了“祥云三英烈”的革命足迹：无产阶级革命家、陕北革命播火先驱、云南民族解放之路的开拓者和奠基人王德三；中国马克思主义的传播先驱、陕北革命的播火先驱、东北抗日民族统一战线的先驱王复生；南方工人、农民、学生运动的领导

骨干，广东统一战线的杰出代表王孝达，这三位革命英烈光辉的一生。

2015 年，“红色传承”现场教学基地建成，到基地参观学习、接受教育的人络绎不绝。《王家庄一门三英烈》和《王复生遗孀郭焕章认尸护骸》两个革命故事成功入围“全国红色旅游故事会”大赛，“祥云三英烈”的革命精神在祖国大地绽放着光芒。

王家庄，万古芳，王氏兄弟把名扬，巍巍故居世代仰，华夏英雄谱新章。

烈士故居文化广场

播火先驱　丰碑永铸

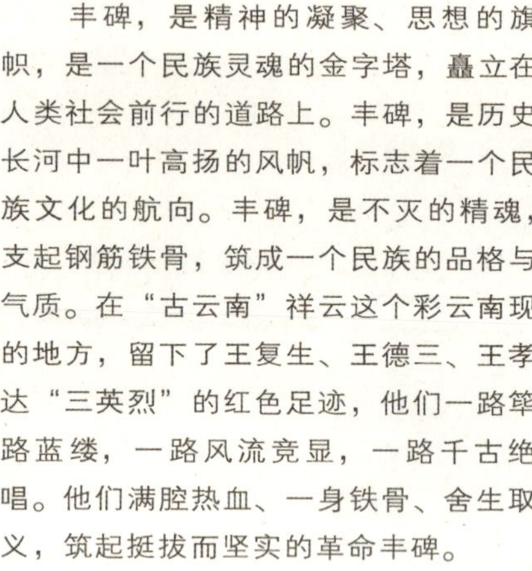

丰碑，是精神的凝聚、思想的旗帜，是一个民族灵魂的金字塔，矗立在人类社会前行的道路上。丰碑，是历史长河中一叶高扬的风帆，标志着一个民族文化的航向。丰碑，是不灭的精魂，支起钢筋铁骨，筑成一个民族的品格与气质。在“古云南”祥云这个彩云南现的地方，留下了王复生、王德三、王孝达“三英烈”的红色足迹，他们一路筚路蓝缕，一路风流竞显，一路千古绝唱。他们满腔热血、一身铁骨、舍生取义，筑起挺拔而坚实的革命丰碑。

浴血北国　壮志复生

王复生（1896—1936 年），祥云王家庄人，从苍山洱海的崇高幽深中脱颖而出，沿古“丝绸之路”走出滇西祥云王家庄这片雪白的硝碱地，连缀中国东部、西部、江南江北，跋涉于革命的道路上，留下了红色的足迹。

1917 年，王复生（原名王濡廷）从边远的云南考入北京大学法国文学系。1921 年加入中国共产党，在参加 1919 年的五四青年爱国反帝运动的实践之后，他意识到要与旧我彻底决裂，并特取“从前种种譬如昨日死，今后种种譬如今日生”之意，改名“复生”。在李大钊的指导下，他参与发起并组织了中国第一个马克思主义学说研究团体——“北京大学马克思学说研究会”，后

又组织成立云南旅外青年进步社团“云南革新社”（后改称“新滇社”），将大量革命新思想、新文化传回云南，他引领自己的两个弟弟王德三（原名王懋廷）、王馨廷走上了革命道路。

王复生在北京求学，投身革命，服从党的派遣，到陕北开展建党建团工作，组织爱国师生开展罢课和游行示威，抵制英、日货，募捐援沪运动，撰写了《耶稣是什么东西》的宣传文章，对陕北的反帝斗争起了积极作用。

1925 年冬，王复生按照组织安排离开陕北回到北京，从事学生运动和主持“新滇社”的工作。1926 年“三一八”惨案后，他组织“滇新社”成员和云南的进步学生参加了游行，以“新滇社”的名义组织云南青年南下广州，参加国民革命。在开展“倒唐”的工作中，解除北伐军的后顾之忧，积极开展活动，不顾云南军阀的血腥镇压，通过揭露和批判唐继尧扩充嫡系、任人唯亲，勾结北洋军阀吴佩孚、孙传芳夹击广

王复生

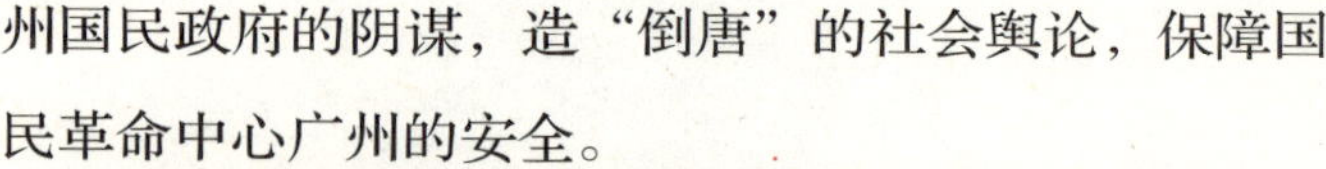

州国民政府的阴谋，造“倒唐”的社会舆论，保障国民革命中心广州的安全。

“九一八”事变后，日本帝国主义侵占我国东北。王复生遵照党组织的安排，在齐齐哈尔、讷河、黑河一带，开展抗日统一战线工作，组织抗日活动，帮助解决抗日义勇军马占山部的粮食和武器供应问题。同时，利用各种社会关系开展抗日宣传，积极发展党员，恢复建立党的组织。

1936年6月，日军在东北地区实行“大检举”、大搜捕，大肆逮捕抗日爱国人士，疯狂镇压抗日力量，王复生不幸被日军宪兵队逮捕。日军对他进行了残酷的刑讯逼供，他的胸骨、肘骨、肋骨、腿骨全都被打断，逼他说出党组织和抗日活动的情况。但王复生视死如归，始终严守党的机密。同年8月15日，王复生在齐齐哈尔被日军残酷杀害，牺牲时年仅40岁。

噩耗传来，王复生的妻子郭焕章义愤填膺，强忍悲痛，只身来到了齐齐哈尔北校场认尸，把丈夫的遗体就地火化后，步履沉重地往家走去，身后留下了一串串泪迹。党组织派王国华夫妇护送，她带着两个幼小的孩子和丈夫的遗骨，历经辗转回到云南昆明。一个夏日的暮色中，在城郊郭家洼，王复生的遗骸终于在兄弟王德三烈士墓旁与之共眠。

在那灾难深重、血雨腥风、日寇铁蹄践踏的漫漫长夜，王复生“心系民，魂系国，赤胆彰龙性，忠肝震古今；生为杰，死为雄，丰碑树哈尔，大义铭青史”。柔弱妻子郭焕章认尸护骸的正义壮举，让日寇惊魂，让国人振奋。

王复生北京求学，投身革命，陕北拓荒，身负重

❶1920年1月18日，王复生与“辅仁社”成员在北京陶然亭聚会。图中左三为王复生，左四为毛泽东

❷1934年12月3日，黑龙江省立第一中学高中第二级全体学生欢送王复生（前排中）就任《黑龙江民报》社长时合影

任，回滇“倒唐”，蜚声北满，浴血丹江。他的一生是革命的一生、战斗的一生。在他的日记里，记录的是他从中学到大学时的思想言行，反映的是他由一个莘莘学子发展为中国共产主义播火先驱的心路历程。在他文采激扬的著述里，字里行间浸透着感人的亲情挚爱，倾诉着忧国忧民、追求光明的革命情怀，洋溢着为共产主义理想英勇献身的大无畏的英雄气概！

王复生先烈是中国共产党的早期党员、抗日的先锋战士、云南人民的优秀儿子，如今，沉淀在岁月之中的，是他可歌可泣的果敢精神，留在天地间的是永垂不朽的诗篇。

陕北播火　血溅长天

在祥云县城龙翔公园最高处，矗立着革命先烈王德三的铜像，铜像的面容安详平和，迎着每天初生的霞光，背靠苍松翠柏，烈士的“眼睛”凝望着远方，似乎思索着自己未竟的事业，在翘首等待革命成功的时刻。

王德三

1930 年 12 月 31 日，时任中共云南省委书记的革命青年王德三，从国民党云南省政府所在地五华山走了出来，他昂首阔步，大义凛然地走向刑场，给世界留下了发聋震聩的时代强音：“中国共产党万岁！”那响彻天宇的呼喊刺破了沉沉黑夜，久久地在九霄回荡。对于为了共产主义的壮丽事业，把满腔热血抛洒在云南大地上的王德三来说，祥云人民永远敬仰和怀念他，这是对他不朽精神的最好明证。

王德三（1898—1930 年），祥云王家庄人，中共云南省委第一任书记，云南人民解放之路的开拓者和奠基人，马列主义的播火先驱。为千百万劳苦大众求解放而呐喊正义，刚直不阿，英勇献身，年仅 32 岁。伟大的共产主义战士伏契克说：“为了将来的美好而牺牲的人都是一尊石质的雕像。”边

疆丛丛密林的松涛，为烈士的悲壮殉国狂啸怒吼；高原条条江河的浪涛，为英雄的慷慨就义放声悲歌。几十年风旋而去，斗转星移，沧桑巨变，王德三烈士——这座不朽的雕像，却永远矗立在云南各族人民心中，激励着人们奋勇向前。

1921 年，王德三考入北京大学，积极参加学生爱国运动，后加入中国第一个学习和研究马克思主义的团体——“北京大学马克思学说研究会”。1922 年，经邓中夏介绍加入中国共产党。受中共北方区委委派，1923 年夏，到陕西华县咸林中学任教。1924 年夏，到绥德省立第四师范学校任国文教员。在陕北工作期间，他积极向学生宣传马克思主义、传播进步思想，在师生中发展青年团员。1925 年 2 月，领导创建青年团绥德特别支部，随后建立中共绥德支部，成为陕北地区最早的党、团组织。

王德三曾任云南旅京学生进步组织“革新社”主要负责人，广州黄埔军校政治部宣传科长、第四期政治教官，中共云南省特委书记、临委书记、省委书记。在革命处于低潮时，领导人民开展了坚决的革命斗争，在蒙自、个旧厂矿和滇南农村继续坚持斗争，开展了深入工农的艰苦工作。在白色恐怖最为严重的时期，王德三始终保持着共产党人的坚定信念，他曾向牺牲的烈士发誓：“拼着这傲逆的头颅，粉碎那束缚着人们的锁链。”

1928 年，王德三代表云南党组织参加了在莫斯科召开的中共六大，在会上，他做了关于革命斗争、土地问题、少数民族问题等的发言，丰富了党的革命理论。同年秋返回昆明，主持召开中共云南省党员大会，传达六大精神，正式成立了中共云南省委，并被选为省委书记。

1930 年 11 月，因叛徒出卖，王德三不幸被捕。在狱中，面对敌人的威逼利诱，他不为所动，抱定了为党的事业、为劳苦大众的解放而献身的决心，写下了感人至深的《万言遗书》。同年 12 月 31 日，王德三和他的战友张经辰、李国柱、吴澄一起，大义凛然地走向刑场，为共产主义的壮丽事业献出了他们年轻的生命，把满腔热血抛洒在云南的土地上。

时任党中央领导人之一的罗章龙，在《忆云南诸英烈》一诗中，赞誉王德三：

德三在昆明，意气盖滇南。
蒙自铁轨上，个旧锡矿山。
滇池与洱海，久战不知艰。

费炳同志在《祭德三诸先烈》一诗中讴歌王德三：

少怀壮志走千山，一腔热血祭轩辕。
传播马列扫腐恶，唤起工农开新天。

王德三的妻子马冰清，云南盐津人。1929 年加入中国共产党。1930 年，身怀六甲的马冰清被捕入狱，在狱中生下儿子取名“纪中”。直到 1933 年 3 月初，受尽折磨而坚贞不屈的马冰清才获释，带着儿子出狱。此时王德三已经牺牲两年多了，马冰清背着儿子纪中，手提装有香火、纸钱、冥钞的提篮，来到丈夫墓碑前，燃香摆供，焚化纸钱，叩头祭奠，抱碑痛哭。王德三在给妻子的遗书中写道：“我爱到你的每一根头发。”这种刻骨铭心的爱，不仅

① 王世三雄
② 播火先驱

仅是因为马冰清和她的名字一样冰清玉洁、优雅美丽，还因为马冰清是一个坚定的革命女杰，她的血脉中流淌着勇敢和坚贞。

王德三孜孜求学、矢志救国。陕北播火，燎原西北，笔戎相加，燃起云南的革命烈火，血沃高原，魂系桑梓。在斗争中，他明白了革命的对象是帝国主义和封建主义，认识到了人民群众的力量，投身于反帝反封建的爱国革命斗争中，树立了闪光的丰碑。

“彩云南，万古芳，德三英名世代仰，华夏英雄谱新章。”王德三是祥云人民的骄傲、云南人民的骄傲、中华民族的骄傲，他洒下一腔热血，与红日一样灿烂，与鲜花一样绚丽，明媚一方春光。他的精神与山河共存，与日月同辉，他的英名永远铭记在人民心中！

青山铭史，浩气留滇，足迹两行犹带血；
英雄气节，披肝沥胆，血溅长天染祥云。

追求真理　刷新人生

祥云“洱海卫”古城建筑一派中原风格，20 世纪初叶，古城的西北角有个很大的莲花池，池畔的一座民居院里曾经出过一个让人们缅怀的英雄，他就是风华正茂，年仅 26 岁就与战友们为打倒国民党反动派，建立新中国而献出了年轻生命的优秀共产党员王孝达。

20 世纪的第一年（1901 年），王孝达出生于祥云县城北街一个封建大家庭，年少聪慧不同凡响，11 岁就作诗赋词写对联。1919 年，走进云南省立法政学校，开始接受现代教育，在思想上开拓了一个新天地。这一年，正是北京五四运动优秀青年踏响红色惊雷的年代，南国的春城也积极响应，王孝达开始在科学民主热烈涌动的新文化运动思潮中飞跃。

1920年，王孝达转学到北京国立法政专门学校，走进了向往的新文化中心，步入了实践真理的岁月。在祥云老乡王复生、王德三兄弟的影响下，王孝达开始阅读马克思主义著作，探索中国革命的必由之路。1923年初，在祥云籍进步青年创办的《祥云》杂志社第二期刊物上，王孝达曾以“达生”的笔名，撰写了题为《珍儿》的短篇小说，描写缠足陋习摧残妇女健康的故事，鼓励妇女为争取自由平等而斗争。该刊物寄回昆明及边远的祥云，影响深远。

1924年春，王孝达和吴少默到上海，准备投考中国共产党创办的上海大学，因考期已过，考入南方大学，并积极投入上海的工运活动，对工人讲解革命道理，和工人谈心，了解他们的痛苦，参加工人总同盟罢工。同年秋，徐玮介绍王孝达加入社会主义青年团。1925年，转为中共党员。

1925年3月12日，王孝达和南大师生参加了孙中山先生的追悼会，写下了悲痛的诗篇，并在悼念活动中宣传国共合作的统一战线和“联俄、联共、扶助农工”的三大政策。其中一首是：

后民而乐先民忧，愈是艰难愈不休。
四十年来如一日，临终救国犹咻咻。
一生奋斗为何由，帝制推翻建大猷。
还忆沪江欢戴日，而今流水逝悠悠。

1925年秋，党组织派王孝达赴广东参加北伐战争。到广州后，他见到了好友王德三、亲戚吴少默和同乡张伯简，旧友重逢，分外亲切，他们热烈欢迎孝达来粤共同战斗。张伯简介绍孝达到彭湃领导的广东省农民协会做农运工作。他积极发展国民党左派力量，开展统一战线工作，执行“三大政策”，同国民党右派进行斗争。同年冬，王孝达到汕头工作，

王孝达

给汕头带去了新鲜活力。

1926年4月26日，社会主义青年团潮梅地委改组，王孝达任团地委委员、宣传部长，他同《岭东国民日报》社长李春涛（国民党左派，原在周恩来领导下，后被周恩来任命为社长）密切配合，全力宣传巩固国共合作，发动工农群众运动，支持北伐战争，写下了不少文章，驳斥国民党右派"溶共"等谬论。王孝达在周恩来、彭湃同志的直接领导下工作，使东江地区的工作迅速恢复和发展，对巩固广东革命根据地、支援北伐战争起了重要作用。在工作中，实际斗争已经把王孝达锻炼成为一个勇敢坚定、机智沉着、作风朴实的革命者。

1927年4月，风云突变，国民党的大屠杀开始了，广州陷入白色恐怖中，共产党员萧楚女（无产阶级革命家、卓越的理论战士，《中国青年》的创始者）等同志突遭杀害。14日，王孝达、李春涛等一百多个共产党员不幸被捕。在狱中，尽管敌人威逼利诱，他却毫不

王孝达故居

动摇，严守党的机密，表现了共产党人的大无畏精神。

1927 年 9 月初，“八一”南昌起义军周恩来、叶挺、贺龙部（彭湃参加）同师广东，跟国民党反动军队激战后，又直逼潮汕，潮汕敌军在革命浪潮席卷东江之时，如惊弓之鸟，准备逃窜。但凶残的敌人在撤退前阴谋策划，处决狱中的共产党人。9 月 5 日，汕头监狱中，王孝达、陈兴中、江明钦、巫丙喜、杨慧生、赖炎光、郭兆堂等七位共产党员昂首挺胸、从容迈步、壮怀激烈，他们振臂高呼：“打倒国民党反动派！”“革命到底！”“中国共产党万岁！”凛然走向刑场。革命英雄的怒吼，气吞山河。汕头无数工农群众涌向街头，愤怒地举行示威游行，抗议反动派的血腥罪行。敌人害怕革命群众劫刑场，行刑队不得不用铁甲车把他们押到汕头中山公园前秘密枪杀，王孝达与其他六位战友倒在了血泊里，仰天含笑……

“洱海卫”古城西北角的莲花池畔，诞生了青年英雄王孝达，他为了追求真理，刷新人生，从大山里走到南海边，进行轰轰烈烈的革命斗争，虽然再也找不到当年掩埋英雄的那堆土，但他依然铭刻在人民的心中。

根基有多么深厚，丰碑就有多么高大。那浩然正气和耿耿英魂，引来天火燎遍荒原，绽放霞光万道，传承着燃烧得噼啪作响的熊熊火焰，牵引着中华民族疾行向前的脚步。

英烈们的名字，飘扬在中国共产党鲜红的旗帜上，铭刻在新中国葱茏的大地上，苍生永记，青山不忘。

红星闪闪 永放光芒

祥云是云南省革命老区之一。曾几何时，红军队伍开进的“哒哒”马蹄声在这里响起；曾几何时，这里留下了红军深深的脚印；曾几何时，这里流传着红军可歌可泣的故事；曾几何时，这里留下了红军长征执着奋进的精神！当彩霞染红祥云大地，红军曾渡过的河水正泛着金黄；当杜鹃花摇动山谷的颜色，映山红的光芒正热情绽放……

1934年10月16日，中央红军开始壮烈的长征，这一充满苦难的中华大地上的二万五千里长征，奇迹伟大，震撼世界。中国工农红军二万五千里长征，纵横十几个省，展示了毛泽东、周恩来、朱德等老一辈无产阶级革命家，为了中华民族的前途和命运所进行的拼搏和奋斗精神，突显出红军在长征这个历史转折点中所表现出来的执着的信念、卓越的智慧以及不可征服的力量。

1936年4月16日，红二军团攻克镇南（今南华）。17日，红二军团第四、第五、第六共三个师，由贺龙、任弼时、关向应、李达率领攻克楚雄南华沙桥后，进入祥云境内，沿滇缅公路西进。经老张营、季五营、旧站，于18日到达云南驿后，星夜兼程直抵祥云城郊，埋伏于城东、城北田野，以迅雷不及掩耳之势包围了县城，做好了攻城准备。19日晨，六师十八团担任主攻部队，在团长陈昀、政委杨秀山的带领下攻进县衙。红军大队三路进逼，在红

红军长征过祥云，占领制高点钟鼓楼

军强大的攻势威慑下，敌军纷纷缴械投降。经过两个多小时的战斗，红军不费多少枪弹，没有牺牲一人，天刚亮就占领了县城，并活捉了县团总李玉楼、县长杨钟寿，俘获县城防队、常备队1200余人。

红军大队人马开进县城，就地休整。教育解散俘虏，宣传革命道理。开仓放粮，没收土豪劣绅财产。打开监狱，释放了被关押的群众二十余人。人民群众看到红军队伍纪律严明，帮助穷苦百姓，是人民的队伍，笑脸相迎，商店户户开门，红军买卖公平。

在祥云期间，红军战士广泛而细致地宣传革命真理，在宣传动员下，祥云各族人民深刻认识到共产党领导的红军才是穷苦人民的队伍，两三天内，就有上千名祥云男儿踊跃报

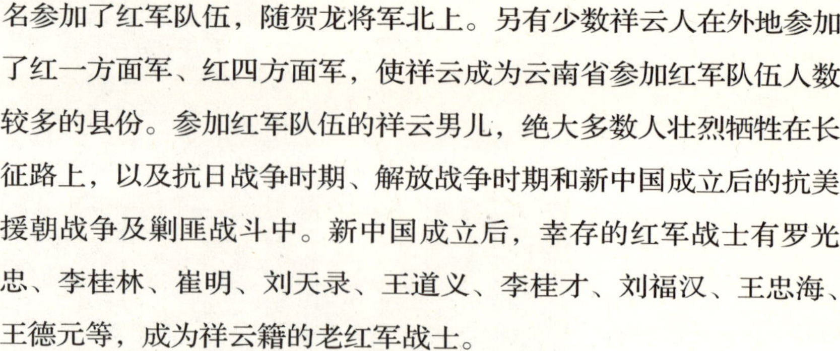

名参加了红军队伍，随贺龙将军北上。另有少数祥云人在外地参加了红一方面军、红四方面军，使祥云成为云南省参加红军队伍人数较多的县份。参加红军队伍的祥云男儿，绝大多数人壮烈牺牲在长征路上，以及抗日战争时期、解放战争时期和新中国成立后的抗美援朝战争及剿匪战斗中。新中国成立后，幸存的红军战士有罗光忠、李桂林、崔明、刘天录、王道义、李桂才、刘福汉、王忠海、王德元等，成为祥云籍的老红军战士。

红军占领祥云县城后，有人建议将红二军团指挥部设在西街的清真寺。贺龙将军说：回族同胞爱清静，部队住进去不好。又有人建议设在东街祥城小学，贺龙将军也说不行，部队住进去要坐地损草。最后决定，把军团指挥部设在祥城北中街 23 号“将军第”。“将军第”是祥云县城里北中街中段的古民居，主人是清朝抗法勇士杨发贵。如今，“将军第”的门头上依然挂着“中国工农红军二军团指挥部旧址”的匾牌，贺龙将军曾居住在一楼坐西朝东三开间的房内。

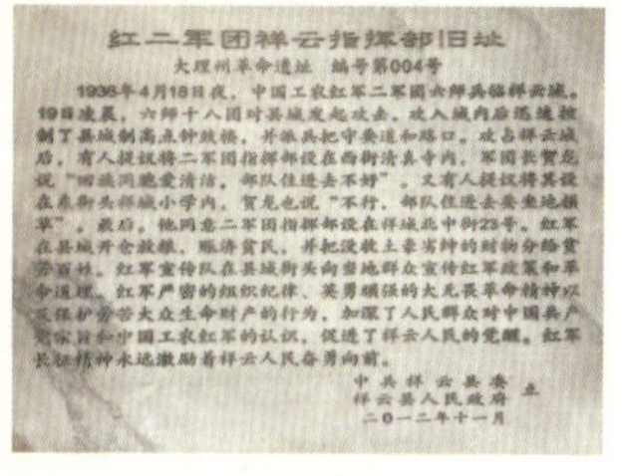

红二军团指挥部旧址——“将军第”（祥城镇北中街）

“将军第”建筑精巧，砖瓦结构。大门上面，用大理石匾镌刻着“将军第”3 个字，及红二军团纪念匾，看上去十分亲切，仿佛红军昨天才从这里走出去，仿佛还能听到他们一路唱过去的歌声，看见他们身着灰色的军装、脚穿草鞋，扛着枪，背着斗笠、蓑衣，简朴、干练的身影。红二军团热爱祖国、热爱人民，也热爱每一寸土地。他们没有时间在祥云流连，4 月 20 日，肩负重任的队伍向父老乡亲们挥手告别，离开祥云县经茨萍、小官村、梁王山等村庄，浩浩荡荡地向宾川挺进。

同时，红六军团在肖克、王震将军的率领下，于 4 月 20 日从大姚过孔仙桥、人头关进入祥云县境，沿楚场驿道经松树林、哨上、奎家村等地进发，并宿于周围村地。先头部队进驻米甸街。21 日，部队从米甸出发，经三家村、朝阳地、小松坡，顺观音箐直达宾川，与红二军团会师于宾川鸡平关。

长征史诗永恒震撼、激励着人们去创造伟大的奇迹。这种精神

❶ 县政府招待所——曾是红二军团六师师部驻地

❷ 米甸白沙坡红军长征路

已深深植根在祥云人的心中。几年前，中央电视台来祥云县开展慰问革命老区人民的演出——“闪闪的红星·走进祥云”特别节目，演绎了红二军团过祥云92个村镇、行程135公里那段历史，村村寨寨都留下了红军的脚印，播下了革命的火种，凝结着红军的精神，歌颂了红军的气概。在当年革命先辈战斗过的地方观看演出，感受着红军长征震撼心灵的力量，让有“红军情结”的祥云人再次目睹了红二军团当年的风采。

岁月催人老，但崇高永在。

中国工农红军二军团，在祥云的红土地上留下将士们的足迹、伟大的历史事件和战斗遗址，是中国共产党的骄傲，是祥云人民的自豪。那段历史留下了红色印迹，彰显着贺龙将军及红军队伍在这里留下的激情，以强大的张力支撑起一个民族永不妥协的精神，呈现出摄人魂魄的震撼和为理想而献身的大无畏精神，是永远令人深思的。

红军长征是一段特殊的历史，红军在长征中所体现出的不屈不挠、艰苦奋斗、英勇无畏的精神已经积淀为中华民族精神，成了“人类共同的精神丰碑”。

黎明前的战斗

——滇桂黔边纵八支队的革命武装斗争

东方欲晓，需要的是一种勇气，一种冲破黎明前黑暗的勇气；一种气魄，一种敢于牺牲的气魄；一种胆略，一种勇往直前直面人生的胆略。

解放战争时期，祥云县进步人士和学生响应毛主席的号召，拿起枪杆子反“三征”，勇敢地冲破黎明前的黑暗，毅然参加由农抗会组织输送给游击武装的武工队，去迎接希望的曙光。

1948 年，中共云南省工委派王元昌、黄平到祥云开辟滇西革命根据地，革命的烈火开始在祥云地区熊熊燃烧。祥云是中共滇西工委和中共滇西地委的活动中心，省工委要求祥云分委创建由党绝对领导的地方武装力量，在滇西广大地区积极开展武装斗争。祥云地下党组织根据省工委“利用上层，发动下层，充分依靠和发动农民群众，为开展武装斗争创造条件”的指示，在各地建立“农抗会”组织，号召广大人民群众开展减租减息、锄奸肃匪、打击地霸的革命活动。在充分发动群众的基础上，开展了以反“三征”（征兵、征粮、征税）为主要内容的群众运动，建立了统一的反蒋战线，为开展武装斗争奠定了坚实的群众基础。1949 年 1 月 12 日，从祥云县内各乡“农抗会”中挑选出四十余名青壮年积极分子，汇集到具有地理优势的下庄镇大仓大庙集训，组建了滇西第一支革命武工队和政工队伍。

滇桂黔边纵队第八支队纪念标

1949年2月，云南省工委决定，成立中共滇西工委祥云分委，由黄平任书记，陈家震、廖新伦为委员，具体工作由陈家震、廖新伦负责，范围是楚雄地区一平浪以西到祥云周围的16个县。滇西工委祥云分委分析认为，正式建立武装的条件已经具备，决定积极发展壮大武装力量，准备开展公开的武装斗争。4月16日，经中共云南省工委批准，在祥云下庄街玉峰寺宣告成立“滇西人民自卫团”。玉峰寺成了广大自卫团指战员战斗间隙休息、学习和训练的基地，关圣殿是滇西自卫团领导机关和作战部队的工作地，是滇西自卫团的“神经中枢”。从此，祥云的革命武装斗争就在党组织的直接领导下进行。

1949年7月，根据滇桂黔边区党委扩大会议决定，“滇

鹿鸣大庙八支卫队住址

西人民自卫团”改编为中国人民解放军“滇桂黔边纵队第八支队”。9月，中国人民解放军大举向西南进军，蒋介石亲临重庆指挥构筑西南防线，做最后的垂死挣扎，调集滇黔川三省六个军的兵力，对“边纵”支队进行大规模“围剿”。9月中旬，“边纵”支队在各族人民的支持下，开展了大规模的反“围剿”斗争。9月下旬，国民党二十六军和七十四军向整个滇西革命根据地进行大规模清剿，“边纵”支队在滇西机动作战，破坏境内的飞机场跑道、滇缅公路桥梁、公路沿线的电线杆，截断敌人企图西逃之路。

10月中旬的一天，在禾甸检村许长后山展开了“黑厂战斗”，这是“滇西自卫团”跳出线外作战的第一次战斗。这一天，国民党二十六军578团从禾甸新街向黑厂压来，妄图一举歼灭自卫团。自卫团在参谋长张天祥、南海大队大队长环克昌的领导下，占领黑厂有利地形，待敌军接近阵地200米时，发起猛烈进攻，取得了战斗

大白桥战斗遗址纪念碑

的胜利。这次战斗有力地打击了敌人向根据地围剿的嚣张气焰，极大地鼓舞了根据地人民的斗志。

“滇西人民自卫团”在祥云境内多次进行激烈战斗，有大白桥战斗、禾甸黑厂战斗、东山干海子战斗、大乙甲山巧袭敌军战斗、下庄街战斗、夜袭祥云县城等。为了截断敌军运输线和逃往国外的通道，游击队和“农抗会”先后出动 1500 余人破坏云南驿机场跑道，出动 1634 人破坏县境内滇缅公路桥梁 13 座，出动 1100 余人破坏龙马箐至高官铺、大波那至云南驿的电话线路，砍断电杆 330 棵，出动 900 余人烧毁敌军在马街驻地的围墙和栅子门。

从 1948 年 4 月至 1950 年 3 月的两年间，中国共产党在祥云县创建了革命根据地，发展了 515 名党员，建立了 27 个党支部，建立了县一级党组织——中共祥云区委和中共东山区委。有两个分区建立了人民政府，有 13 个乡镇建立了革命政权。动员了 1670 余名青壮年参加“边纵”支队。在县内又组建了 3 个地方治安大队和 6 支地方游击队，配合主力部队作战。

中国人民解放军滇桂黔边纵队第八支队在楚雄、镇南、姚安、大姚、牟定、双柏等 16 个县的广大农村地区坚持战斗了一年零四个月。从创建时仅有四十余人的武工队，发展成为拥有 3 个团共三千余人的“边纵”第八支队，建立了方圆百里的革命根据地，纵横驰骋 5000 里，共进行大小战斗一百多次，攻克县城 5 座，击毙和俘虏敌官兵一千余人，缴获机枪 12 挺，冲锋枪、卡宾枪及各色步枪九百余支，子弹近十万发。战斗中有 41 位祥云籍战士牺牲，125 人被抓捕，9 人被活埋、枪杀，13 人被打伤致残。

全县各族人民以巨大的人力、物力、财力支援革命斗争，共筹集各种枪支 1615 支，机枪 11 挺，子弹、炮弹 3500 多发，手榴弹 700 多枚，经费（银圆半开）66300 余元。加工运送

❶ 八支队纪念碑

❷ 中国人民解放军滇黔边纵队第八支队司令员李鉴洲（右）、后勤处长普兆三（左）之墓

粮食九十多万市斤，制作军装 4200 多套，群众还经常支援大量的烧柴、草鞋、香烟、蔬菜、水果、肉食等生活用品。

解放战争时期，“边纵”八支队的健儿们点燃革命烽火，策应武装斗争，发展云南革命力量，配合野战军全歼云南残敌，为云南的和平解放做出了应有的贡献，彰显了民族主义精神。特别是祥云人民做出了重大的贡献，也付出了巨大的牺牲，建立了不可磨灭的历史功勋。

1949 年 12 月 9 日，终于赢得了革命斗争的伟大胜利，云南和平解放。12 月中旬，“滇西人民自卫团”集中在祥云下庄街接受整编，“滇西人民自卫团”正式改编为中国人民解放军“滇桂黔边纵队第八支队”，所属3000人枪整编为36、37、38三个团，一个警卫营，一个侦察连，一个政工队。云南解放后，“边纵”各部队逐步编入中国人民解放军云南军区、广西军区、贵州军区的17个军分区。有少数指战员编入野战军，参加了抗美援朝战争。还有一部分同志转业到地方工作，走上新的战斗岗位。

1950年1月10日，祥云县人民政府成立，历史进入了新的革命时期。中国人民解放军滇桂黔边纵第八支队英勇战斗、前赴后继、敢于牺牲、乐于奉献的宝贵精神财富和永恒的力量源泉，成了祥云人民在改革开放和现代化建设中的不竭动力，将永远教育和激励着一代又一代祥云人为建设中国特色社会主义而不懈努力。

2005年，中共祥云县委、祥云县人民政府在当年“边纵”八支队的创建地——下庄街祥云四中校内的山坡上，建立了“中国人民解放军滇桂黔边纵第八支队纪念碑”，将“边纵”八支队在祥云和滇西的武装斗争及历史功绩永驻丰碑。在这块红土地上，先辈们高于天的革命理想将永远激励着祥云儿女奋勇前进。

日出东方，其道大光。
心怀希望，砥砺前行。
面对风雨，勇于担当。
风雨之后，方见彩虹。

冲破黎明前的黑暗，必将是一个生机盎然的春天。

追忆村官普发兴

普发兴，下庄村人，共产党员。1987 年开始担任下庄村党支部书记，为下庄村奋斗了 20 年，为百姓服务了 20 年。他带领干部群众自力更生，艰苦创业，解决了温饱问题。发展村级集体经济，兴办教育，注重生态，倡导文明，扶贫济困，带领村民走上致富路。他曾荣获“云南省十大村官”“中国优秀村官”“全国劳动模范”等荣誉，后积劳成疾，去世后，中共云南省委追授他“云南省优秀村党支部书记”荣誉称号，并授予“云岭先锋奖章”。

追忆是从踏进老普家宅院的大门那刻开始的。更准确地说，是从心里出发，去寻访这位已经逝去的下庄镇下庄社区老支书、全国优秀村官——普发兴的那一刻开始的。

3 月 28 日清晨，天蓝得刺眼，像极了七年前的今天。七年前的今天，老普在与病魔搏斗了近半年后，带着无限眷恋，永远离开了他热爱的土地和乡亲。

今天去看老普，仿佛是早些时候就注定的。这是一次追忆，在万物都在阳光里悄悄勃发的春天，这又仿佛是一次未经准备的祭奠，在即将来临的清明。在这整整七年间，无论是通过广播、电视、报纸还是报告会，人们都被老普的灵魂和精神清洗着、浸润着。

今天，再次踏上下庄这片土地……

这是一片充满力量和向往的土地：新中国成立前，这里曾经活跃着滇桂黔边纵第八支队的英雄们，有李鉴洲、普兆三、普之宝等

普发兴

革命先辈，在黎明即将到来之际，他们英勇地和国民党反动武装做着坚贞不屈的斗争，谱写着一曲曲悲壮的红色进行曲。远处的大青山下，留下了六十多年前“边纵”英烈们的壮烈与豪情。站在先辈们的纪念碑前，松涛阵阵，云飞有声，怎能不令人为之动容，内心仿佛充满了无穷的力量，时刻警醒，为了自由与理想，应该努力奋斗！

今天的下庄，交通区位优势凸显，社会经济蓬勃发展。下庄镇正在借助被省建设厅列为中心小城镇建设试点的契机，借力区位发展优势，紧抓新型工业化、现代烟草农业和中心小城镇建设，将下庄镇建设成生态农业大镇、工业经济强镇、交通商贸物流集散重镇，使下庄成为祥云次级经济区。这说明，下庄的明天会更好！

走进下庄村的巷道，好像迎来了老普那熟悉的身影。三

老支书普发兴（右一）

组王发英老人的新农合保险金交了没有？一组李在明家的鱼塘坝埂打好了吗？社区幼儿园的炊事员是否来上班了……这些事仿佛都装在老普的心里。

“这里是生我养我的热土，我在这块土地上出生、成长、入党，当选为村党支部书记，是老百姓哺育我成长，我不敢忘掉根本，不敢忘记党和人民赋予的使命。”他还说：“老百姓在我们心里有多重，我们就在老百姓的心里有多重……”

就是在这条熟悉的巷道里，2007 年 4 月 1 日，乡亲们送走了村支书普发兴。就在那天，全村的老百姓都早早地赶往老普家，想再陪陪老普，送老普一程。就在那天，整个下庄村，大家的心情如黑云压在心头般的沉重，挽幛如林，黑纱阵阵，哀乐低旋。出殡的时刻，村民们和附近四里八乡的相亲们，知名的、不知名的、熟悉的、不熟悉的，都往老普家潮水般涌去。

村里的驾驶员老茶，用摄像机记录下了这悲伤的一刻。当老茶再次通过画面看到葬礼上的黑纱和百花，他转过身去，悄悄拭去眼角的泪滴。

走进老普家，有一种特有的静。一直以为这里应该充满荣誉、充满老普的身影，甚至是红色的革命主义激情。每次到老普家，都会被那些热烈的激情所感染，参观，握手，问候，留影。

而现在这种静，甚至让人感觉不到老普就是村民们最值得信赖的村官儿，孙儿最疼爱的慈祥的爷爷，儿女印象中最严厉、慈祥的父亲。

其实，老普是最真实、最亲切的。2005年春天，在“保持共产党员先进性教育活动”中，老普给年轻党员上党课时谆谆教诲：“我没有什么值得汇报的先进事迹，特别是对照新时期保持共产党员先进性的标准和要求来说，我特别感到惭愧。我只有入党多年来对党和人民事业的执着和忠诚，能谈的仅是一些非常平凡的琐事和感想，我总感到自己对党和人民做的事情太少太少，而党和人民给了我很多很多的荣誉……”

现在，这一幕幕就好像发生在昨天，老普的声音仿佛刚刚从耳畔飘过，依稀可辨。

院子里，安安静静，无比整洁，仿佛经过老普细心打扫后，他刚刚离去。那棵院角的樱桃，已经绿得一片葱茏，好像在静静等待它的男主人回来，享受它的阴凉和果实。花坛里盛开的波斯菊、月季，在这暮春时节，多了几分孤独和悲壮。太静了，老普，你要回来了吗？

厢房的中门开了，老普的老伴胡芹英在“老幺”媳妇的陪伴下走了出来。说明来意，热情欢迎，让进屋里，寒

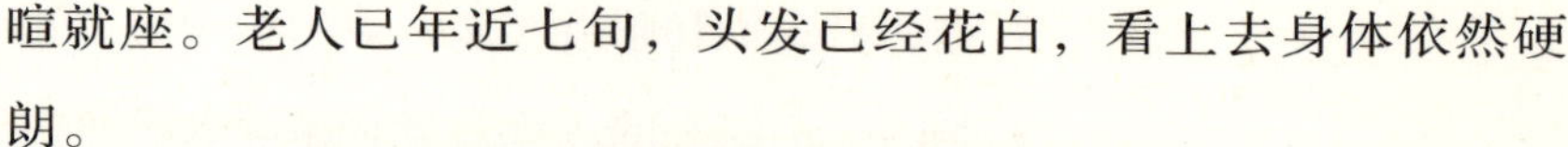

暄就座。老人已年近七旬，头发已经花白，看上去身体依然硬朗。

此刻，胡芹英老人也正沉浸在无限的追忆中，花白的鬓角下，细细的皱纹中沁着丝丝泪湿。沙发，茶几，顺着墙一溜洁白的矮柜，柜上被勤劳的主人擦得洁净的电视、玻璃盘……置身于祥云极普通的农民家里，让人感到亲切！

老普不止一次说过："我只是一名普通的党员，我所做的，只是一名普通党员应该做的。"

"他比我大四岁，属鼠，我属兔。我们家共有四只兔子。"胡芹英老人絮叨着，"要是他还在，那该多好啊！"这时，儿媳妇轻轻偎依在老人的身边，用温暖的手掌轻轻摩挲着婆婆的银发……

老人一直凝着神，像是久久注视着远方。"过几天就是清明了，我想让几个孩子陪我去看看他。他一个人在那边，虽然每天都有人去看他，但我还是想着他，他在那边一定很孤单的。"

县乡镇企业局曾经的一位副局长追忆，当年，就因为下庄乡农具厂的改制，这位副局长和老普有过几次"交锋"：一边是为了全县的乡镇企业的远景发展，所实施的大踏步的改制；一边是为了下庄全村几千人的小康生活。老普在原则上积极支持县里的改制，但实际上同样积极维护人民群众的切实利益。"那时，我们很快就达成改制的意向。但普支书尽力在维护下庄人民的利益，一丝一毫都要照顾到，和我们谈到非常细、非常实在的细节。普支书把问题考虑得非常仔细，工作做得非常实。"

老普就是这样一个人，他常说权力是党和人民给的，只能用来为人民群众谋利益。"我干支书近二十年，从来没有私自抽过集体的一包烟，没有私自开支过集体的一分钱。"老普这样说过。老普曾经工作和奉献过的田野、高山、学校、村庄还在追忆……

时代和时间在风驰电掣般地滚滚向前。但时间有时也会停下来，好让人们更加细致地生活。

学习普发兴同志四种精神

忠诚于党 大公无私

脚踏实地 锐意进取

一心为民 服务群众

清正廉洁 秉公办事

中共云南省委做出决定：追授普发兴同志“云南省优秀村党支部书记”荣誉称号，并授予“云岭先锋奖章”，在全省广泛开展向普发兴同志学习的活动。2010年电影《村官普发兴》在京城盛大首映，掀起了向普发兴学习的又一轮高潮。2013年“普发兴先进事迹陈列室”在下庄村委会落成……人们用各种不同的方式，把“普发兴精神”融进自己的生活和工作中，激励着自己在生活和工作的道路上努力前行。

《礼记》上说：“众生必死，死必归土……骨肉毙于下，阴为野土。其气发扬于上，为昭明……”

后记

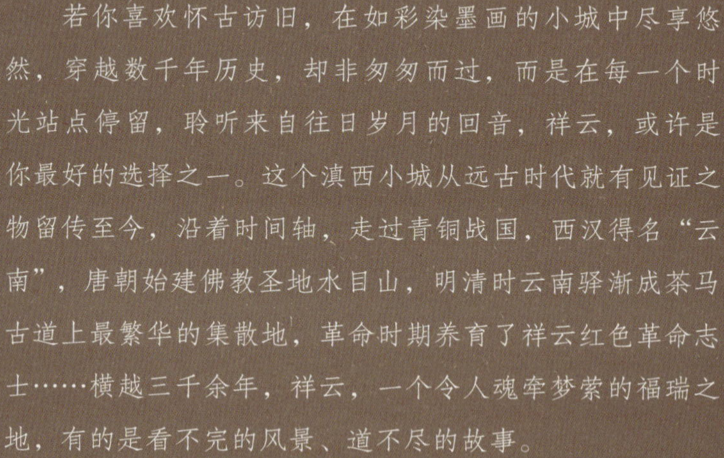

若你喜欢怀古访旧，在如彩染墨画的小城中尽享悠然，穿越数千年历史，却非匆匆而过，而是在每一个时光站点停留，聆听来自往日岁月的回音，祥云，或许是你最好的选择之一。这个滇西小城从远古时代就有见证之物留传至今，沿着时间轴，走过青铜战国，西汉得名“云南”，唐朝始建佛教圣地水目山，明清时云南驿渐成茶马古道上最繁华的集散地，革命时期养育了祥云红色革命志士……横越三千余年，祥云，一个令人魂牵梦萦的福瑞之地，有的是看不完的风景、道不尽的故事。

在各级领导和县委宣传部的关心支持下，在各位编撰人员、撰稿者的辛勤努力下，《文化大理·祥云》卷终于和读者见面了。作为统一策划的一本关于祥云的人文读本，在其结构、表达及内容涵盖等方面，皆有诸多需要考虑的因素。因此，我们在祥云悠久的历史积淀、丰富的人文内容中，遴选出比较能够代表祥云特点的元素着手，用生动活泼的笔调，书写出大家容易接受的文字，尽力使祥云深厚的人文积淀给读者留下深刻的印象。

在这里，要诚挚感谢在本书的编写、图片拍摄等方面给予大力支持的各位领导和朋友们，你们为本书的出版增色不少。要在一本书里充分展现祥云悠久的历史、秀丽的风光、多姿多彩的民族民俗以及令人动容的多种文化内涵，是很有难度的。本书的构架、文字表达，以及史实方面，都会存在一些瑕疵，存在一些做得不尽如人意的地方，还请各位专家及广大读者包涵、指正。

《文化大理·祥云》编委会